勉強法の王道

伊藤塾 塾長
伊藤 真
＋伊藤塾◉編著

日本経済新聞出版社

はじめに

伊藤塾塾長の伊藤真です。

伊藤塾では、数多くの塾生を法律家・行政官として社会へ送り出してきました。法律家を目指す、行政官を目指すと聴くと、いかにも一流大学を出ている、勉強ができる人をイメージされるかもしれません。

もちろん、塾生の中には、そのような人もいますが、一方で、これまであまり勉強をしてこなかった人もたくさんいます。

本書を手にとってくださったあなたも、勉強がしたくても、「勉強は苦手だ」「もの覚えが悪い」「勉強する時間がない」などと感じたことがあるのではないでしょうか。

伊藤塾の教室は活気に溢れ、明るく楽しく学ぶ姿をたくさん見ることができます。講義時間ギリギリにスーツ姿で汗をかきながら滑り込み、気持ちを切り替え、必死に講義を聴く塾生もいます。講義が終わり、終電間際まで質問をし、走って帰っていく塾生もいます。

それはなぜでしょうか。

答えは、勉強法にあります。

本来、人間には好奇心があるので、勉強して、未知の物事を知っていく行為は楽しいものです。

ところが、勉強ができないと叱られ、だからといってどう勉強すれば良いかを教えられることはなく、ただ「勉強しなさい。勉強しなさい」と言われ続けた結果、自分は勉強が苦手と思い込むようになり、それが多くの選択肢をあきらめへと導いてしまった。

このような経験は決して珍しいものではないでしょう。

確かに、個々人の能力には多少の差はあります。

しかし、能力の差など、方法論でいくらでも埋めることができます。

伊藤塾には、この方法論、すなわち勉強法があります。だからこそ、塾生は、個々人の能力にかかわらず、勉強を楽しむことができ、そして成長を実感し、その高い志をより明確なものへ実現していくことができるのです。

高い志を立てることは、限られた人間の特権ではありません。勉強法は、能力のある人にのみ修得が許されるものではありません。

高い志を立てることは、誰であれ自由であり、勉強法は、高い志を立てたすべての人に対して与えられるものでなければならない。私はこう思います。

本書は、私がこれまで培ってきた伊藤塾の勉強法を集大成したものと言っても過言ではありません。

あなたの目標を達成するため、夢を実現するために、人生を変えるきっかけとなれれば幸いです。

勉強法を知り、それを実践することにより、新しい扉を開いてみませんか。

伊藤　真

目　次

第3部 人々の生活を守る新たな道 165

第 1 部

人生を変える「法的思考力」

1 自分・仕事・社会を変える力

混迷する社会に向き合う

今、日本の社会が混迷しています。

いまだ見通しが立たない東日本大震災後の復興、長引く不況、経済格差、福島の原発事故でその危険性が明らかになった原子力問題等々、テレビや新聞で毎日のように報道される諸問題。その他にも、人々の注目を大きく浴びないものの、私たちの自由や権利を脅かす問題が多く生じつつあります。

これらの諸問題に対する「憤り」と言っていいほどの我々の感情は、政治には反映されず、国民感情を逆なでするかのような政治闘争やパフォーマンスが繰り広げられる政界。そのような政界から「『国民』を代表して」と言う声が聴こえてくるとき、更なる憤りを感じることも多いでしょう。

日々の生活に目を向けてみても、弱者を狙った悪徳商法、貧困ビジネス、そしていじめが毎日のように起こっています。また、起こってしまった事件を隠そうとする隠蔽問題も後を絶ちません。

どうしてこのような社会になってしまったのでしょう。

政治の世界から日々の生活まで、多くの人間が他者を受け入れることなく、他者の権利や自由を考えることなく、「自分さえ良ければいい」という自分勝手な考えに基づいて行動しているように思えてなりません。果たして、この状態が行き着く未来には一体何が待ち構えているのでしょう。少なくともそこに「明るい未来」を感じることはできません。

それでは、現代日本に生きる私たちはどうするべきなのでしょうか。

数多くの問題が表面化してきた現在だからこそ、私たち一人ひとりがはっきりと問題に向き合えば、未来を変えていくことができる――私はそう考えています。

明るい未来のためにやるべきこと

未来を変えていくために、私たちがやるべきこととは何か。私は、「法的思考力」を身につけることこそが、その答えのひとつだと考えています。

日本国憲法前文で宣言されているように、日本という国家の国政を決定する最高権限、すなわち主権は国民にあります。国民は自分が統治の主体であることを意識し、行動しなければならないはずです。それなのに、現在のような状況を許してしまっている。これは、多くの国民が自らを国政に対する自律的存在として自覚せずに、統治への客体的な意識、言い換えればお客様のような意識を持つようになってしまったからではないでしょうか。

不平等でも気にしない理由

私はこれまでいわゆる「一票の格差」の問題に取り組んできましたが、この過程で、投票価値の不平等を我がことと考えず、不平等の状態すら知らず、あるいは知っておきながらその状態を当然のことと受け入れている人たちがいかに多いかに気づきました。

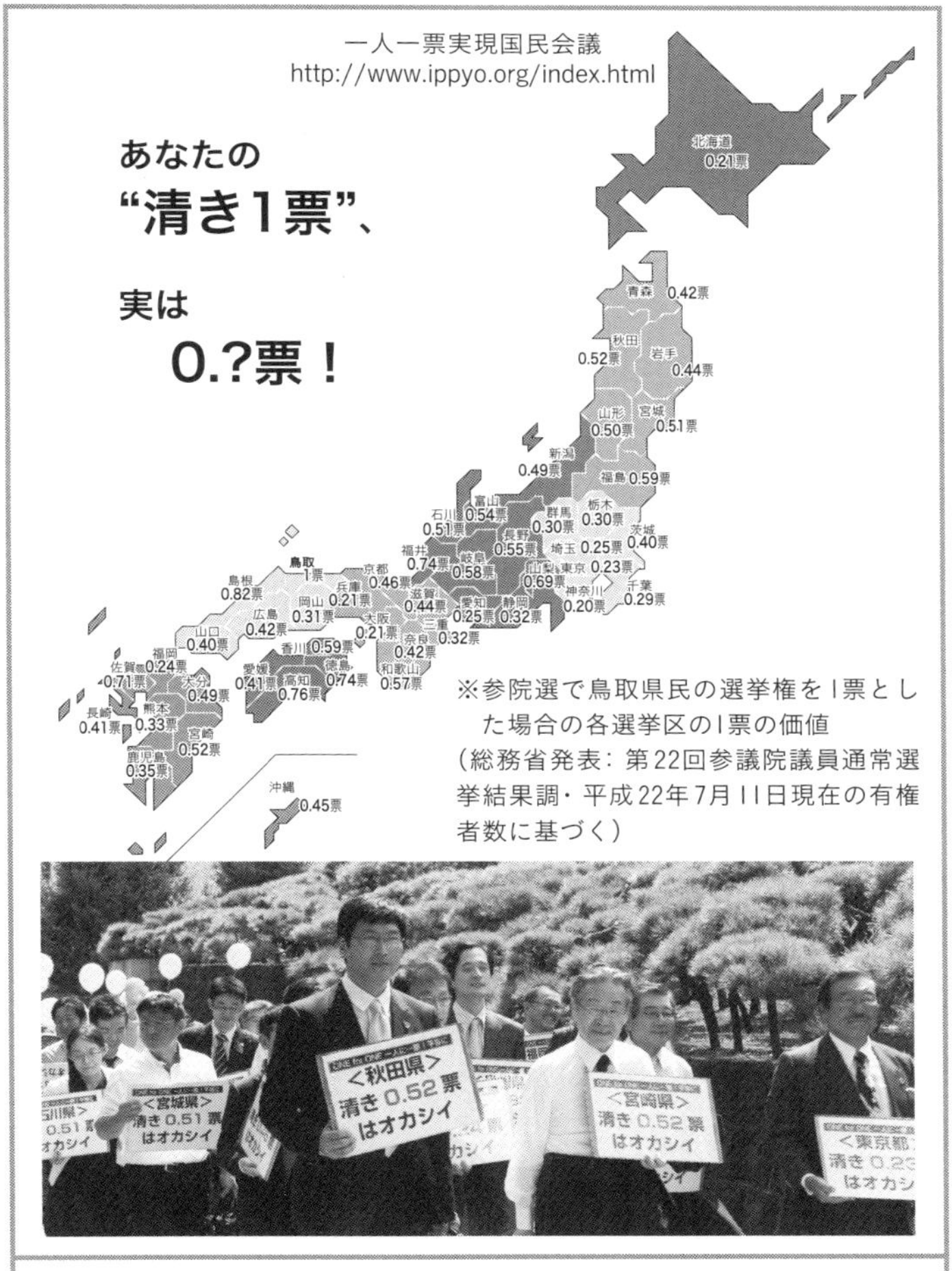

一票の格差是正を求めて最高裁判所へ

多くの国民が、政治にその声が反映されないことをおかしいと認識しながらも行動に出ることをしない。その根本には、自分たちのことは自分たちで決めることができることを、あるいは問題のある状況を直すことができることを知らずにいるか、初めから実行や修正をあきらめているか、このような現状があると思います。

この現状をさかのぼれば、とどのつまり、これまでの憲法教育、主権者教育といった法教育の不徹底が原因であり、教育の過程で得られる「法的思考力」の軽視にたどり着きます。

日常生活をめぐる諸問題を考えても、「法的思考力」を身につける重要性を感じます。グローバル化が進む現代は、多様な国籍や価値観を持つ人々との関係が深くなる中、更に多くのトラブルが起こるであろうことが当然に予想されます。これらのトラブルを未然に防ぐために、あるいは適当な解決を図るためには、司法制度の充実の必要性もさることながら、当事者となる私たち一人ひとりが、「法的思考力」を持つことはとても大切なことです。

日本国憲法は、前文において、「われらは、平和を維持し、専制と隷従、圧迫と偏狭を地上から永遠に除去しようと努めてゐる国際社会において、名誉ある地位を占めたいと思ふ」としています。法教育による現代社会の立て直しこそ、この「国際社会において、名誉ある地位を占め」るための大きな手段であると考えます。

私たち一人ひとりがこれまでのあり方を反省し、真の法教育システムを確立し、「法的思考力」を身につけることができれば、このシステムを諸外国に提供することも可能ではないでしょうか。経済的援助だけではなく、新たな民主主義国家を築き上げることに貢献し、更にその国家がより成熟した社会となることができるようなシステムを提供できれば、私たちがその社会の礎となれるのです。もしこのようなことができたとすれば、素晴らしいことだと思いませんか。

私たち一人ひとりの個人が尊重される、真に幸福な社会となるためには、私たち一人ひとりが統治の主体としての意識を持てるような教育、すなわち法教育を実践し、私たち一人ひとりが「法的思考力」を身につけていくことが不可欠なのです。

日本国憲法は、大日本帝国憲法の改正手続に従って、衆議院・貴族院の可決を経て1946年10月29日に成立し、11月３日に施行されました。

なお、当時の衆議院議員は、男女普通選挙を定めた新選挙法のもと、1946年４月10日の選挙によって選出されました。

さて、ここで日本国憲法前文がどのように書かれているのか、改めて読んでみましょう。

日本国民は、正当に選挙された国会における代表者を通じて行動し、われらとわれらの子孫のために、諸国民との協和による成果と、わが国全土にわたつて自由のもたらす恵沢を確保し、政府の行為によつて再び戦争の惨禍が起ることのないやうにすることを決意し、ここに主権が国民に存することを宣言し、この憲法を確定する。そもそも国政は、国民の厳粛な信託によるものであつて、その権威は国民に由来し、その権力は国民の代表者がこれを行使し、その福利は国民がこれを享受する。これは人類普遍の原理であり、この憲法は、かかる原理に基くものである。われらは、これに反する一切の憲法、法令及び詔勅を排除する。

日本国民は、恒久の平和を念願し、人間相互の関係を支配する崇高な理想を深く自覚するのであつて、平和を愛する諸国民の公正と信義に信頼して、われらの安全と生存を保持しようと決意した。われらは、平和を維持し、専制と隷従、圧迫と偏狭を地上から永遠に除去しようと努めてゐる国際社会において、名誉ある地位を占めたいと思ふ。われらは、全世界の国民が、ひとしく恐怖と欠乏から免かれ、平和のうちに生存する権利を有することを確認する。

われらは、いづれの国家も、自国のことのみに専念して他国を無視してはならないのであつて、政治道徳の法則は、普遍的なものであり、この法則に従ふことは、自国の主権を維持し、他国と対等関係に立たうとする各国の責務であると信ずる。

日本国民は、国家の名誉にかけ、全力をあげてこの崇高な理想と目的を達成することを誓ふ。

日本国憲法前文

2 真のエリートはどこにいる

エリートの意味を知っていますか？

エリートという言葉を聞くと、「先生」と言われるような大学の研究者、教職者、医者や弁護士等の法律家、あるいは大企業に勤めている人、学歴が高い人といった人々を想像するかと思います。

こうしたイメージは、決して誤っていると言いませんが、エリートという概念の本質には触れられていません。「エリート＝偉そうな人」という認識には少々誤解があります。

そもそもエリートとは、「社会に貢献するために選ばれ、その能力をいかんなく発揮すべく訓練を受けた人」を意味します。

あくまでもその本質に「社会貢献」を置いていなければいけません。ときに、間違った認識で捉えられてしまうのは単に職業だけに注目をしてしまっているからでしょう。

また、そういった職業に就いているにもかかわらず、その本質を捉えていない人々がいることは由々しき事態です。教職者や官僚等が犯罪を起こしたとき、マスメディアに大きく取り上げられることがありますが、こういったニュースを見ていると、これらの人は自分の職業の本質を本当に理解しているのかと疑いたくなります。

エリートをその真の意味で捉えれば、これは職業だけに使う言葉ではありません。それぞれの社会におけるリーダー的存在にあてはまります。例えば、特定の分野を牽引するボランティア団体があれば、そのリーダーはやはりエリートと評価できます。

私たちは、職場や家庭、地域や趣味の集まりといった様々な社会に所属して生きていますが、所属している全ての社会でリーダー的存在となることはありません。ある人がある社会ではエリートであると同時に、別の社会ではその構成員として生きているわけです。

こう考えてみると、エリートとは、特定の人間を指す絶対的な呼称ではなく、あくまでも相対的な社会における役割分担のひとつにすぎないともいえます。だからこそ、ある特定の社会のリーダー的存在であるということをもっておごってはなりませんし、また、そうではない人を見下してはなりません。

それぞれの社会におけるエリートが自分の役割を自覚し、それぞれの技能をもって、所属する社会をより発展させるべく貢献する。そうしていくことによって、個々人の幸福は増し、社会全体の幸せの総量が増えていくのです。

エリートを監視するのが私たちの役割

真のエリートについて述べてきましたが、これに対して私たち一人ひとりに求められる役割とは何でしょうか。先ほど述べたとおり、ひとつの社会においてエリートである人は、同時に別の社会では社会の構成員、すなわち市民でもあります。

だからこそ、私たちは、エリートとしての意識を持つと同時に、市民としての役割についても考えなければなりません。

このとき忘れてはならない考え方があります。それは、エリートが必ずしもエリートとしての行動を取り続けるかどうかはわからないということです。残念ながら、人間は権力という魅力に弱い生き物です。たとえ最初は高尚な気持ちを持っていたとしても、権力を握り続けるうちに、いつの間にかその力を他者の幸せのためではなく、自己の欲求を満たすために使ってしまいます。

現在の立憲的な国家は、権力分立（三権分立）をその統治体制に取り入れています。権力分立については、国会に立法権があって、内閣に行政権があって、裁判所に司法権があるというように学校で習ったことでしょう。

それでは、なぜ、国家の統治体制にこの権力分立を取り入れたのでしょうか。これは、国家権力が濫用を起こしてきた歴史の反省に基づいています。歴史を振り返ると、国家権力が一箇所に集中すると濫用が起こり、国内の人の権利・自由を侵し、また隣国に対しても戦争を起こすといった悲劇を生み出してきたことがわかります。

そこで、こういった悲劇が生まれないようにするために、国家権力を一箇所に集中しない仕組みが採られるようになったのです。

こうして、国家権力の濫用から国民の権利・自由を守るために国家権力をその性質に応じて分け、それぞれを異なる国家機関に担当させ、そして、その機関同士を相互に抑制させ、均衡を取れるように、権力を分立するという統治体制が導入されたのです。

これが権力分立の仕組みです。そして、これが権力というものに対する先人たちの苦労の結晶です。

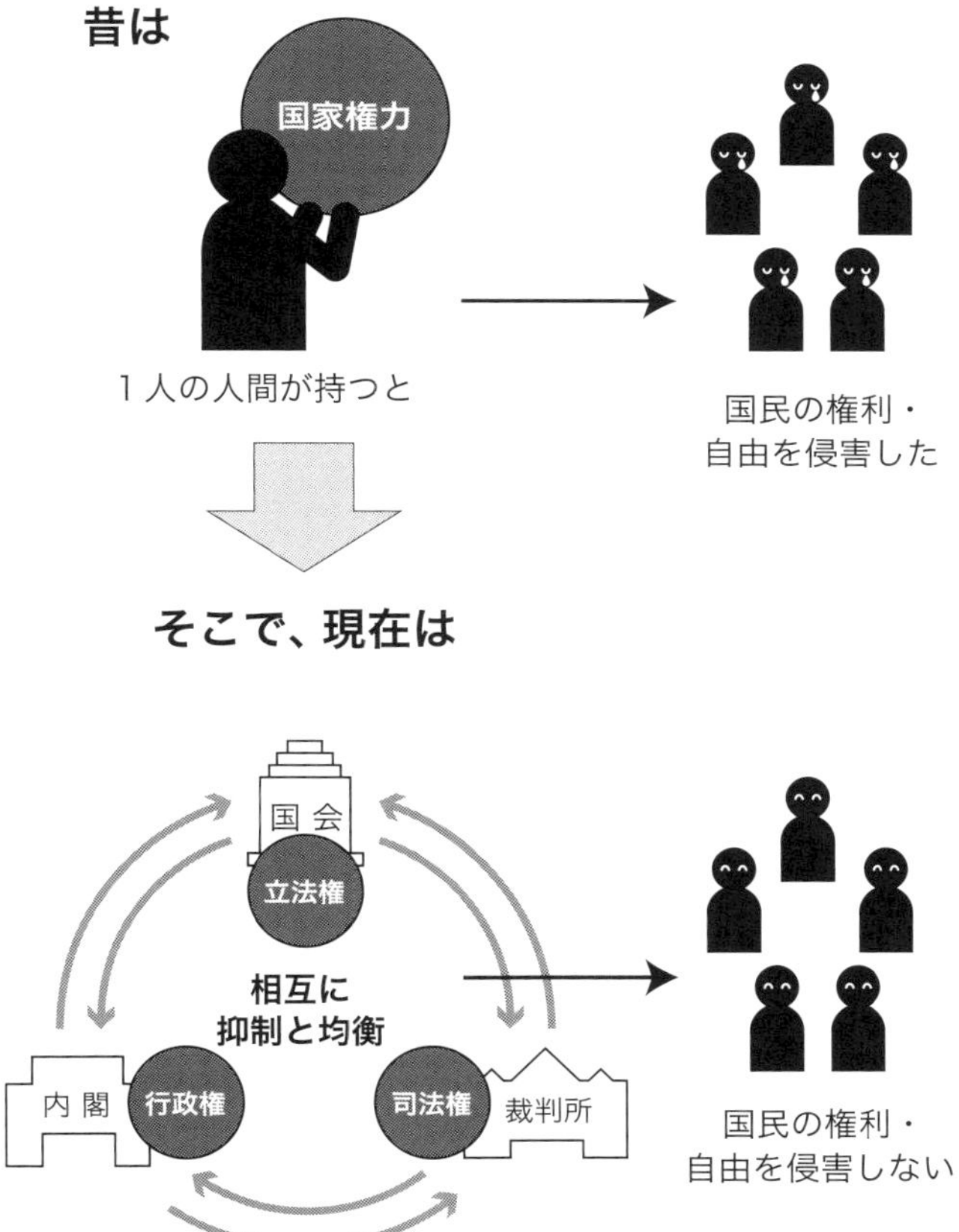

国家権力は分立されるようになった

これと同様に、エリートが誤った力の使い方をしないように監視をすること、ときに誤っていたらその誤りを正すこと、これこそが私たち市民に求められる役割です。日本という大きな社会を考えたとき、大半の人間は市民としての役割を担います。だからこそ、私たちはその市民としての役割をしっかりと認識し、行動しなければいけません。

残念ながら、権力分立の趣旨ひとつとっても、本書を読んで初めて知ったという人も多いことでしょう。これが、法教育が不徹底である日本の現状です。そして、この法教育の不徹底は現在の日本に表面化している数々の諸問題の原因のひとつです。

現代社会は多くの問題を抱えています。私たち一人ひとりは「自分さえ良ければいい」という自分勝手な考えではなく、自分が所属する社会に貢献する必要があります。しかし、私たち一人ひとりの役割がきちんと認識されているとは言い難い状況です。

私が主宰する伊藤塾では、各種法律系資格の受験指導を通じて、特に憲法の講義等で、徹底してこれらのことを、すなわち社会貢献の意識や資格は単なる生計の手段ではないこと等を説いています。伊藤塾で学んでいる人たちは法律系の資格を取得しようとしているため、真のエリートになろうという意識も高いし、自分たちの役割も意識できているると思います。しかし、これまでに述べたように、法律系資格以外の職業に就いている場合であっても、社会の諸問題に対処していけるようになるためには、法教育、そして「法的思考力」の重要性をしっかりと認識しなければなりません。

3

「法的思考力」のポイント

ふたつの幸福感を得る方法

人は、社会的役割を果たすことにより、幸福感を感じます。同時に、個人的な欲求を満たすことでもまた幸福感を感じます。両者ともに、幸せを感じるうえで欠かすことができない尊いものだと思います。

現代のこの困難な時代において、このふたつの幸福を得るためには、「法的思考力」を身につけることが重要です。私たち一人ひとりが自らの役割を認識し、社会に貢献するために必須となるものです。

それでは、ここで「法的思考力」のポイントを6つお話ししましょう。

ポイント① いつも自分のものさし（判断基準）を持つ

1つ目は、自らの判断基準を持つということです。

「法的思考力」で最も大切なのは、「法的三段論法」です。これは物事を判断する際に、基準を設定し、その基準に基づいて、具体的な問題点を解決していくという判断の仕方のことです。

私たちが日々、生活したり仕事をしたりする中では、様々な迷いに直面します。ビジネスパーソンならば、このプロジェクトを進めてもよいのか、はたまた中断したほうがよいのか、この人材を採用したほうがよいのか……。学生ならば、この人とお付き合いするかどうか、この会社に就職するかしないか、試験勉強をいつ始めるか……。やはりいろいろな迷いに直面するでしょう。

このような迷いを感じたときに問題を解決するための基準、ものさしを持つことです。そして、その判断基準（ものさし）に照らして判断をすることによって、原理原則を持った経営、原理原則を持った仕事、原理原則を持った生活を営むことができるのです。

判断基準（ものさし）を持っていれば、ビジネスにおいてもプライベートにおいても、迷わず判断することができるのです。
これには、次の3つのメリットがあります。

①迅速な判断が可能になる
②基準を共有することで、権限委譲がしやすくなる
③誤りを発見しやすくなる。もし誤った場合に、判断基準自体に誤りがあったのか、基準にあてはめたことに誤りがあったのか原因を追跡しやすくなる

こうして自分が決めた判断基準が、市場や消費者の価値基準やニーズに合ったものであれば、その企業は伸びていきます。この判断基準は、いわば、経営や仕事の仕方の基本的スタンスです。経営者ならば、経営理念と呼ぶこともできるでしょうし、ビジネスパーソンならば、仕事の仕方のセオリーといえるでしょう。

こういう原理原則を持った経営や仕事の仕方、生き方ができると、ビジネスや生活が、より充実したものになっていくはずです。

ポイント②　必要だからやる、それだけでよいのか

２つ目は、今自分がやっていることの意味を問う考え方です。それは何かをするときに、必要があるからやるというだけではなく、常に許容性による歯止めを考えておくということです。

「この仕事は儲かりそうだからやる」というだけではなく、それを行うことが果たして良いことなのか、許されることなのかという視点、すなわち物事を進めるときに、アクセルだけではなくブレーキも意識しておかなければいけないということです。必要性と許容性と言うと難しく聞こえますが、このアクセルとブレーキのバランスが重要ということです。

これは仕事でもプライベートでも、まったく同じです。「利益が上がるなら何をやってもよい」ということはなく、コンプライアンス（法令等遵守）、つまり法律等に反することは許されません。

企業の不祥事というのは、まさに、この歯止めを意識しないことから生じるものです。日々仕事を任されて進めていると、「何としてもやり遂げる」という気持ちを持つもの

です。もちろん、それくらいの前向きさがなければできないことが多いことも事実です。しかし、もしも社会的に認められない、つまり許容されないものだとすると、結果として不利益が大きくなってしまいます。企業であれば、収益が下がるばかりか、廃業に追い込まれるということもあるでしょう。会社員ならば、職を失うことになるかもしれません。

常に、必要かどうかを検討するだけでなく、「それが許されるか」「そこまでやってよいかどうか」というブレーキの視点を持っておくことが大切です。

ポイント③　事実と意見を区別しているか

３つ目は、事実と意見を区別するという考え方です。判断をするときには、事実に基づいてしなければいけません。このことを現場主義と言い換えることもできます。

私たちは、日常生活で様々な風評を聞きます。例えば、インターネットの掲示板に書き込まれたコメントを見たり、メールで知ったり、友人から他人の噂を聞いたりするというような機会が、誰にでもあると思います。

しかし、そうした間接的な風評に基づいて判断してしまうと、人間関係を壊してしまうことも少なくありません。

ビジネスでもプライベートでも、あくまでも事実に基づいて判断するというスタンスを持つことが大切です。わかりやすく言い換えれば、物事を見たり聞いたりしたときには、それが事実なのか、あるいは、その人の意見なのかということを意識し、区別できるようにするのです。

新聞を読んだり、テレビのニュースを見たりした場合には、そのことが事実なのか、コメンテーターや書き手の意見なのかどうかを意識することが大事です。見たり聞いたりしたものを、すぐには信用しないで、「これは、この人の意見にすぎないのではないか」と疑ってかかるというスタンスが大切です。

困ったことに直面したときやスランプに陥ったときに、当事者としてそれに没頭してしまうあまり、周りが見えなくなり、判断を誤ってしまうことがあります。そこで、一歩引いて、自分を高いところから、離れたところから観察する、第三者の視点から自分を見るという姿勢が重要なのです。

ポイント④　対立利益を常に考えておく

何かをする場合に、一方で利益を得る人がいたとしたら、他方で不利益を被る人がいる場合もあります。４つ目のポイントは、こうした対立利益を考えることの重要性についてです。

何事にもバランス感覚が必要です。物事には常に反対側からの要請もあります。

例えば、今進めているのが、新規のお客さまのために新しいサービスを作って提供することだとします。担当者として自分は適切だと思ってやっていますが、もしかしたら、これを従来のお客さまが快く思っていないというケースが出てくるかもしれません。

この場合ならば、新規のお客さまと従来のお客さまへのサービスのぶつかり合いを、上手に調整しなければいけないのです。

何かを始めるときには、こうした反対側の要請や対立利益がないかどうかを、意識してみることが重要です。

ポイント⑤　双方の言い分を聞くまで判断しない

5つ目は、双方の言い分を聞くまで判断しないという考え方です。これも「法的思考力」において重要で、フェア（公平）な感覚を身につけることにもつながります。

例えば、お客さまからクレームがあったときには、それをすぐに受け入れて対応するのではなく、現場や社内の言い分を聞いてみる必要があります。両者の言い分を聞いて、そのクレームどおりだとしたら改善しなければなりませんが、そうではなく、根拠のない嫌がらせだったりすることもあるので、常に双方の言い分を聞いてから判断することが重要なのです。

同じケースを見ていても、例えば上司と部下では、その見方は異なります。ですから、違った意見を聞いてから判断するのです。

ポイント⑥　経済的価値以外の基準を持つ

私たちは、日々、経済という大きな仕組みの中で生活をしています。

そのために、「こういう仕事をしたら、お金が儲かるのではないか」とか、「この株を売ったら、損をするのではないか」といった、経済的な価値基準がクローズアップされがちです。しかし、私たちが生きている社会には、経済的な価値のようには簡単に見えない価値が他にもたくさんあるのです。

例えば、正義、フェア（公平）という価値基準もとても重要なものです。こうした経済的価値以外の価値の重要性に気づくことが、あなたの人生を豊かにします。

また、物事を判断するときの基準を、複数持つことによって、より適切な判断ができるようになります。何でも「儲かる」「儲からない」の基準だけで判断をしてしまうと、これまで説明したように、大きな失敗をしてしまうことがあるのです。

これら「法的思考力」は、法教育を受けることで身につけることが可能になります。また、「法的思考力」を身につける過程では、関連して次の3つのスキルを伸ばすことも可能です。

4 連動して3つのスキルが伸びる

スキル① 習得スキル

「法的思考力」を身につける途中で、新たなことを学ぶスキルを身につけることができます。これはテストの点数を上げるとか、膨大な知識を暗記するということではなく、「知らない分野を自分のものにする」「勉強のやり方そのものを身につける」ということです。

自分は昔から勉強が苦手、と考えている人は多いと思います。しかし、勉強の出来、不出来というものは、個人の資質だけで決まるわけではありません。むしろ、これまで学校等で正しい勉強方法を教えられてこなかったことが原因です。

社会に出て働いている人であれば、「ゴールから考える」発想を持つことの重要性を聞いたことがあるのではないでしょうか。これはひとつの目標を実現するうえでとても大切な考え方です。しかし、学校では教わりません。他にも、膨大な文章の読み方や、忘れにくいような記憶術を知っているでしょうか。これらを教えられることなく、ただただ「勉強しなさい」とか「覚えなさい」とか言われ続けて、勉強が嫌いになってしまった場合も多いのではないでしょうか。

習得スキルは訓練次第で身につけることができるものです。それらを教授されず、いつの間にか「自分は勉強が苦手」「自分には才能がない」とあきらめてしまっている人が多いように思えます。

習得スキルを身につければ、自分の仕事や趣味といった分野以外にも、新たなことを学ぶことが可能となり、人生をより充実したものにしてくれることでしょう。

スキル②　論理的思考スキル

法律を学ぶうえでは、論理的に考えることが大切です。法律というと、六法全書の暗記みたいなことをイメージするかもしれませんが、これは誤った認識です。

ある法律や制度が存在するとき、必ずそこには理由があります。例えば、すでに権力分立についてお話ししましたが、権力分立という学生の頃に学び「そうなっていることが当たり前」と思われる制度にもその理由が存在しました。そして、理由があるから制度として確立しているという結論があります。その理由も人が納得できるものでなければなりません。言うなれば、納得のできる正当な理由があって、妥当な結論があるということが物事には必要なのです。

このように法律を学ぶ過程では、必然的に物事を論理立てて考えていく力、すなわち、論理的思考力を身につけることができるのです。

論理的思考スキルは、もちろん法律を学ぶときだけでなく、仕事や日常生活においても非常に有用なスキルです。

スキル③　コミュニケーションスキル

私たちは、日々、誰かと会話しながら生活しています。相手は家族であったり、恋人であったり、友人であったり、また、会社の同僚であったり、上司であったり、取引先であったりします。

気心の知れた間柄であれば、お互いのことがわかっていますから、特にコミュニケーションということを意識しなくても会話ができることが多いかもしれませんが、親子や夫婦、恋人同士でさえ、ケンカをしてしまうことはときにあると思います。

それでは、他者とのコミュニケーションを円滑に行っていくために必要な力とは何でしょうか。これは、自分の意見を伝える力と相手の意見を理解する力だろうと思います。「法的思考力」を身につけていく過程では、自分の意見を論理的に述べ相手を説得する力を磨いていきます。また、相手の意見を正確に理解したうえで、それに対して同意する、あるいは反論する力を磨いていきます。「法的思考力」を身につけていく過程で、必然的にコミュニケーションスキル、つまり自分の意見を伝える力と相手の意見を理解する力、を身につけていくことができるのです。

「法的思考力」を身につける過程でこれらの3つのスキルを修得することにより、どんなに困難な時代であっても、自分自身の社会的役割を果たすとともに、時間的、環境的な余裕を生み出し、個人的な欲求をも満たしていくことができるようになるのです。

5 どこで、どのように身につけるのか

資格試験に挑戦しよう

これまで、「法的思考力」の重要性や法教育の必要性について述べてきました。また、「法的思考力」を得るには法教育こそが最も適したものだとも述べました。

ただ、実際に法教育を受けたいと考えたとしても、なかなかそのような教育を受けることができる環境に身を置いていないのが現状ではないでしょうか。

そこで、これから「法的思考力」を身につけるためにいくつかの選択肢を考えてみましょう。

まず、思い浮かぶのは大学で学び直すということです。もちろん、大学の法学部で学ぶことも意義深いことだとは思います。ただ、すでに働いていたり、家庭を持っている

場合、もう一度大学に入り、学び直すことはそう簡単に許される選択肢ではないでしょう。

そうとはいえ、初めて法教育に触れ法律を学ぶのに、何も目的を持たずに漫然と学んでも、なかなか効果は上がらないでしょうし、そもそもどのように学んでいくべきかもわからないと思います。

そこで、「法的思考力」を最短で身につけるために、今の生活を続けながら、法律系の資格試験を受験することをお薦めします。

試験のための勉強と聴くと、その試験を突破するためだけに、普段の生活であまり使わないような知識を詰め込むのでは、と思うかもしれませんが、法律系資格に求められる知識は、例えば大学受験等の知識と異なり、実社会においても役に立つものです。

また、単にその試験に必要な知識だけを丸暗記すれば良いのでは、と思うかもしれませんが、法律系の資格試験の場合、一部の資格を除いて、「法的思考力」を身につけなければ問題を解くことすらできません。

資格試験合格というひとつの到達点を設けることにより、目的意識を持って日々の勉強に取り組むことができることでしょう。また、伊藤塾のような受験指導校を利用すれば、初めて法律を学ぶ場合であっても、プロが教えるのですから、効果が出やすいことでしょう。

法律系の資格試験には何がある？

それでは、法律系の資格試験には、どのような種類があり、また、それぞれはどのような内容になっているのでしょうか。ここでは、代表的な法律系の資格である、司法試験・司法書士試験・行政書士試験について見ていきたいと思います。

① 司法試験

司法試験は、「弁護士・裁判官・検察官」になるための試験で、例年5月の第2または第3週の水曜日・木曜日・土曜日・日曜日の4日間で実施されます。

受験資格に制限があり、①法科大学院を卒業した人、または②司法試験予備試験に合格した人でなければ受験することができません。

したがって、これらの資格がない場合、まずこの2つのうちのいずれかを取得しなければなりません。

出題形式は、短答式問題と論文式問題で構成されています。

そして、短答式問題の出題科目は、①公法系科目（憲法及び行政法に関する分野の科目）、②民事系科目（民法、商法及び民事訴訟法に関する分野の科目）、③刑事系科目（刑法及び刑事訴訟法に関する分野の科目）となっています。

また、論文式問題の出題科目は、①公法系科目（憲法及び行政法に関する分野の科目）、②民事系科目（民法、商法及び民事訴訟法に関する分野の科目）、③刑事系科目（刑法及び刑事訴訟法に関する分野の科目）、④選択科目（倒産法、租税法、経済法、知的財産法、労働法、環境法、国際関係法〔公法系〕、国際関係法〔私法系〕のうち受験者のあらかじめ選択する1科目）となっています。

試験時間と問題数は、2012（平成24）年度を参考にすると次の表のとおりです。

【合格率】

2007（平成19）年度は40・2％、2008（平成20）年度は33・0％、2009（平成21）年度は27・6％、2010（平成22）年度は25・4％、2011（平成23）年度は23・5％、2012（平成24）年度は25・1％でした。

分　類	出題形式	出題科目・時間	出題数	配　点
1日目	論文式	選択科目（3時間）	2問	100点
		公法系科目（4時間）	憲法1問	100点
			行政法1問	100点
2日目	論文式	民事系科目（6時間）	民法1問	100点
			商法1問	100点
			民事訴訟法1問	100点
3日目	論文式	刑事系科目（4時間）	刑法1問	100点
			刑事訴訟法1問	100点
4日目	短答式	民事系科目（2時間30分）	74問	150点
		公法系科目（1時間30分）	40問	100点
		刑事系科目（1時間30分）	40問	100点

司法試験の概要（2012年度）

② 司法書士試験

司法書士試験は、「司法書士」になるための試験で、例年、筆記試験が7月第1または第2日曜日に実施され、口述試験が10月に実施されます。受験資格は特にありません。

筆記試験の試験時間は午前2時間、午後3時間の合計5時間で、問題数は多肢択一式70問と記述式2問となっています。

筆記試験の概要は、次の表のとおりです。

なお、口述試験は、試験科目については筆記試験と同様で、1人あたり15分程度で実施されます。

司法書士試験は、合格率が例年一定であり、約2・8～2・9％となっています。

そのため、試験問題の難易度に応じて、合否判定基準が例年異なり、280点満点（2008年度までは262点満点）中、2007（平成19）年度は211・5点、2008（平成20）年度は189・5点、2009（平成21）年度は221点、2010（平成22）年度は212・5点、2011（平成23）年度は207・5点となっています。

分　類	出題形式	出題科目	出題数	配　点
午前の部 9：30-11：30	多肢択一式	憲法	3問	9点
		民法	20問	60点
		刑法	3問	9点
		会社法　商法	9問	27点
午後の部 13：00-16：00	多肢択一式	不動産登記法	16問	48点
		商業登記法	8問	24点
		民事訴訟法	5問	15点
		民事執行法	1問	3点
		民事保全法	1問	3点
		供託法	3問	9点
		司法書士法	1問	3点
	記述式	不動産登記法	1問	35点
		商業登記法	1問	35点

司法書士試験の概要（2012年度）

③　行政書士試験

行政書士試験は、「行政書士」になるための試験で、例年11月第2日曜日に実施されます。受験資格は特にありません。

試験時間は3時間で、問題数は60問となっています。60問のうち、法令等科目から46問、一般知識等科目から14問が出題されます。

法令等科目は、基礎法学・憲法・行政法・民法・商法から出題され、出題形式は、5肢択一式が大半ですが、5肢択一式の他、憲法から多肢選択式が1問、行政法からは多肢選択式2問、記述式1問、民法からは記述式2問が一般的に出題されます。

一方、一般知識等科目は、政治・経済・社会、情報通信・個人情報保護、文章理解から出題され、出題形式は全て5肢択一式となっています。

試験概要は次の表のとおりです。

【合否判定基準・合格率】

おおむね、次の要件の全てを満たした者が合格となります。

①　法令等科目が122点以上

分　類	出題形式	出題科目	出題数	配　点
法令等	5肢択一式	基礎法学	2問	8点
		憲法	5問	20点
		行政法	19問	76点
		民法	9問	36点
		商法	5問	20点
	多肢選択式	憲法	1問	8点
		行政法	2問	16点
	記述式	行政法	1問	20点
		民法	2問	40点
一般知識等	5肢択一式	政治・経済・社会	14題	56点
		情報通信・個人情報保護		
		文章理解		

行政書士試験の概要（2011年度）

② 一般知識等科目が24点以上
③ 試験全体で180点以上

これら3つの全ての要件を満たした者のみが合格となりますが、その中でも配点に照らして一番比率が高いものが③の60％（300点満点中180点）以上となります。

また、合格率は年度によって変動し、2007（平成19）年度は8・64％、2008（平成20）年度は6・47％、2009（平成21）年度は9・05％、2010（平成22）年度は6・60％、2011（平成23）年度は8・05％となっています。

6 明日からできること

行政書士という選択をしよう

このように法律系資格をいくつか概観してきましたが、その中でも、まずは行政書士試験の受験をお薦めします。

行政書士試験に合格すれば、当然、行政書士になる資格を取得することができますから、法律家になるという選択をすることも可能です。そもそも、法律家とは、市民の基本的人権を擁護することをその職務の中核に置く職業を意味します。弁護士であれば法廷で、司法書士であれば登記や裁判所に提出する書類等を通じて、そして、行政書士であれば、主に各種許認可等の行政手続過程を通じて、それぞれの役割のもと、市民の基本的人権を擁護します。

ですから、行政書士になるということだけをもって、十分に価値のある試験です。

ただ、「法的思考力」は法律家だけの専売特許ではないことはすでに述べてきたとおりです。それぞれが自分の属する社会でリーダー的役割を担うのであれば、当然に必要な力ですし、もちろん、個人として生きるうえでも大切な力です。

法律家という道を選択しないにしても、自分の人生をより豊かなものにしていきたいと考えるならば、「法的思考力」を身につけるべきであり、そのためのより良い勉強の場となる行政書士試験をお薦めします。

行政書士試験が適している理由

では、どうして行政書士試験なのか？

私が、行政書士試験の受験をお薦めする具体的な理由は次の3点です。

①「法的思考力」を身につけるために最適な試験である

行政書士試験は、法律系資格の登竜門と位置づけることができます。

確かに、公的資格や民間資格まで含めてみれば、世の中には、法律の知識を問う資格はたくさん存在し、行政書士試験はこれらの資格の中でも、取得が困難な難関資格であることは間違いありません。行政書士試験よりも客観的に難しいと思われる法律系の資格は、司法試験と司法書士試験くらいです。司法試験や司法書士試験でも十分に法的思考力は身につけられますが、とっかかりとして行政書士試験から勉強するほうが良いでしょう。

他の法律知識を問う資格試験の多くは、そのほとんどが法律を覚えてしまいさえすれば合格できる資格です。言い換えれば、その受験勉強に、「法的思考力」を訓練する場はほとんどありません。

学ぶ目的が、法律知識を身につけるのではなく、「法的思考力」を身につけるものである以上、法律を正しく理解し、使えるように勉強する行政書士試験が最も適しているといえるでしょう。

②　幅広い視野を身につけられる

行政書士試験は、憲法、行政法、民法、商法、基礎法学といった法律系科目以外に、政治・経済・社会、情報通信・個人情報保護、文章理解という一般知識等科目についても勉強します。

このように、非常に多岐にわたる試験科目であるがゆえに、重要な基本法のみならず、新しい分野の法律も広く満遍なく学べるうえ、世の中に起きている様々な事柄に対しても能力を高め、敏感になることができます。

つまり、この試験を通して学ぶ知識それ自体が、仕事にそのまま役に立つものばかりなのです。

③　資格自体の拡張性が高い

行政書士試験のもうひとつの魅力は、その資格の拡張性の高さです。これは守備範囲が広いと言ってもいいでしょう。

あまり知られていませんが、行政書士の主要な業務は、法律的な書類の作成です。行政機関に提出する各種許認可の申請書の他、契約書や遺言状等の民事系の書類にまで及び、行政書士が作成できる書類の種類は、何千とも何万とも言われています。

このようなことから、世の中に存在する様々な職業で、行政書士業務と結びつけることができないものはないといえるくらい、行政書士の業務範囲は広大なのです。

この本を読まれている現時点では、それぞれの仕事、それぞれの業務で日々活躍している方も多いでしょう。時には、これまでの社会人経験を活かして、更にステップアップをしたいと考えることもあると思います。あるいは、そのようなときがやがて来るかもしれません。このとき、行政書士資格を持っていると、ステップアップにとってとても有利に働きます。理由は、すでに述べたように、行政書士業務と結びつけられない仕事のほうが少ないからです。

また、普段の生活の中でも、交通事故、相続、離婚といった、いつ何時自分の身に降りかかるかわからない出来事が私たちの身の回りには多々あります。こういった経験をして、苦労をされると、同じようなことで悩んでいる人たちのために助けになりたいと思うことがあるでしょう。このようなときにも、行政書士資格を持っていれば、多くの人たちを助けていくことが可能です。

私が教える伊藤塾に通っている塾生の中には、自分自身の辛い経験を糧に、行政書士になりたい、多くの方を助けたいと日々努力をしている人も多いです。もちろん、行政書士試験に合格し、行政書士となって活躍し、多くの方の悩みや不安を解決している塾生も大勢います。

このようなことから、これから「法的思考力」を身につけようとする人々にとって、行政書士試験合格を目指していくことは、とても有意義なことなのです。

次に、実際の本試験問題の出題例を掲載しておきます。行政書士試験のイメージとして参考にしてください。

2010（平成22）年度

問題28　時効中断の効力に関する次の記述のうち、民法の規定および判例に照らし、誤っているものはどれか。

1　債務者Ａの債権者Ｂに対する債務の承認によって被担保債権の時効が中断した場合に、物上保証人Ｃは、当該被担保債権について生じた消滅時効中断の効力を否定することはできない。

2　物上保証人Ａに対する抵当権の実行により、競売裁判所が競売開始決定をし、これを債務者Ｂに通知した場合には、被担保債権についての消滅時効は中断する。

3　要役地である甲地をＡ・Ｂ・Ｃの３人が共有しているが、承役地である乙地の通行地役権について消滅時効が進行している場合に、Ａのみが通行地役権を行使して消滅時効を中断したときは、時効中断の効力はＡ・Ｂ・Ｃの３人に及ぶ。

4　甲地の共有者Ａ・Ｂ・Ｃの３人が乙地の上に通行地役権を時効取得しそうな場合に、乙地の所有者Dは、Ａ・Ｂ・Ｃのうち誰か１人に対して時効の中断をすれば、時効中断の効力はＡ・Ｂ・Ｃの３人に及ぶ。

5　Ａ所有の甲地をＢ・Ｃの２人が占有して取得時効が完成しそうな場合に、ＡがＢに対してだけ時効の中断をしたときは、Ｂの取得時効のみ中断され、Ｃの取得時効は中断されることはない。

行政書士試験の問題例（正解：４）

第2部

働きながら学ぶ「勉強法の王道」

1 資格合格だけではダメになる

資格以外にも使える勉強法

「法的思考力」を身につけるためには、行政書士資格取得を目指して学ぶことが最適だとお話ししました。

第2部では、行政書士をはじめとする法律系資格取得を目指していくうえで必要な考え方や、効率的な勉強方法、すなわち「勉強法の王道」について、お話ししていきたいと思います。これはもちろん、法律系資格以外の資格や、仕事で必要となる知識の習得にも応用できるものです。まずは、取得しようと考えている、あるいは興味のある資格を頭に思い浮かべてください。

合格すればそれでいいのか？

「合格すればそれでいいのか？」という問いを考えてみましょう。資格試験を目指すうえで、「合格」を意識することは当然に重要です。

ただ、それだけで果たしていいのかというと、私は決してそうは思いません。

資格試験を受験すること、合格するということ、それはあくまでも、その後に続く人生のひとつの通過点にすぎません。

ここを取り違えてはいけません。取り違えてしまうと、例えば試験に合格したものの、目標を失ってしまい、何をすればいいのかわからず、ただただ時間を過ごす……そのようなことにもなりかねません。

一度目の試験で残念な結果となってしまっても、この結果を反省し、活かし、見事に合格を果たし、その後の人生を有意義に送っていくことこそが大事なのです。

そもそも、私たちの人生の中で起こる様々な出来事は全て通過点にすぎず、その後の人生で、その通過点をどう活かしていくことができるかどうかで、その通過点が良かったのか、悪かったのかを判断できるのです。

「合格すればそれでいいのか？」という問いかけに対しては、「合格はあくまでも通過点にすぎず、その後の人生で、その合格をどう活かしていくかがより一層重要である」と私は答えます。

その合格をどう活かしていくか、このことを掘り下げてみましょう。

キーワードは「合格後を考える」

資格試験の勉強をしているときから、合格後を意識し、その姿を思い描いていくことが大切です。

合格後、自分はこういう仕事をしたい、こういう法律家になりたいという姿を思い描き、そのための通過点として、資格試験がある、その通過点をパスするために今の勉強がある……というように考えていくのです。

このように考えていくと、今の勉強が将来の自分の基礎を作っていると理解できるようになります。また、今は自分の将来に役立つことを行っているのであり、今の苦しさは将来の自分のより大きい幸せのためにあるのだという意識を常に持ち、壁にぶつかったときでも、将来の自分を思い描くことで、その壁を乗り越えていくことができます。

もちろん、この考え方は単に資格試験の勉強にだけあてはまるものではなく、何事に対してもあてはまるものです。

ただ、職業に結びついた資格が他の資格と違う点もあります。それは、その資格が自分の幸せのためだけにあるのではないということです。

資格は単なる生計の手段ではありません。とりわけ、行政書士をはじめとした法律系資格を持つ法律家が、それぞれの職域において市民の基本的人権を擁護し、社会に貢献することによって、私たちの暮らす社会全体の幸せの総量は増えていきます。

つまり、法律系の資格試験を目指す一人ひとりが、より一層自らに与えられた社会的役割を認識し、合格を果たし、その後活躍することによって、社会全体の幸せの総量を増やすことができるのです。

また、法律系資格の勉強後に法律家の道を選択しないとしても、法を学ぶうえで修得した、個人の尊重、自由主義や民主主義という考え方や「法的思考力」といった能力を使って、それぞれが活躍する分野において、多くの人の幸せに寄与することができるのです。

他者の笑顔をも増やす

このように、法律系の資格は、単に自己の幸せを増やすだけではなく、他者の幸せの増大にも貢献できる、非常に価値の高い資格なのです。

合格後を考えたとき、そこに思い浮かべることができるものは、自分だけでなく、仕事の依頼者や周囲の人々、多くの人たちの笑顔です。「自分のためだけ」であれば、たとえ途中で勉強を投げ出しても、他の人に迷惑をかけるわけではありません。自分のためにならないだけです。ただ、法律系資格はそうではありません。あきらめてしまうと、自分だけでなく、他の人の笑顔まで失うことになってしまう。だからこそ、「やらなければならない」という気持ちが奮い立ちます。

合格後を強く意識しましょう。そうすることにより、自分の笑顔の周囲にある大勢の笑顔を思い描くことができるはずです。そしてまた、そういった周囲の人たちからたくさんの勇気と力を与えてもらえるはずです。

合格後
力を与えてくれる
今も大変だけど、
将来の基礎を
作ってるんだ!!
未来の
依頼者のためにも
頑張ろう!!

合格後をイメージする

2 ゴールからの発想

カーナビ的に考える

自動車で知らない土地に行こうとしているときに、まずはどうしますか？

多くの人は、地図を見て、目的地と現在地を比べ、適切なルートはどのルートかを考え、その調べたルートに沿って進むことでしょう。また、最近はカーナビを使って、目的地まで誘導してもらうこともあるかもしれません。これも最短のルートをカーナビが考えてくれているわけですから、信用してその道を進むことでしょう。

電車で行くにしても、同じでしょう。どの路線でどこまで行って、どこの駅で乗り換え……という感じで、路線図を見ながら目的地までのルートを考えるのではないでしょうか。あるいは、インターネットでルート検索をすることもあるでしょう。この場合も基本的には時間等を基準に最適なルートを探し出します。

闇雲にただ進んでみても、いつになったら目的地に着くかはわかりません。地図を見ずに、地図を持たずに出かけるのでは、場合によっては、目的地にたどり着かないことだって十分考えられます。

どこかに行こうとするときに、ただ頑張って闇雲に進んでみるということだけでは、無駄が多く、結果が出ないことを誰もが知っているはずです。

資格試験の勉強も同じことです。

資格試験には、試験だけを考えれば「合格」というゴールがあります。

ですから、まず現時点での自分の位置とゴールの位置を把握し、そこに至るためにはどのルートを進むべきかを考えなければなりません。ただただ闇雲に努力してみても、残念ながら結果は出ないかもしれませんし、運良くゴールにたどり着くことができたとしても、多くの時間を費やしてしまうことでしょう。

ゴールから考える

まず勉強をするにあたっては、ゴールからの発想を持って最短ルートを考えるようにしましょう。

また、難しい試験であればあるほど、ゴールは遠いところにあるので、少しでも道を間違えてしまうと、適切なルートから大幅に外れていってしまうことも考えられます。そのため、難しい試験であればあるほど、適切なルートが合格にとって重要となってくるのです。

そしてもちろん、行政書士試験は相当に難しい試験なので、短期間でこの試験を突破するためには、常に自分の進んでいる道が合格へのルートに合致しているのかを意識する必要があります。

努力が必要なのは言うまでもありません。この試験勉強で努力した過程自体が、将来のあなたを大きく支えてくれるでしょうから、努力をすることだけにも価値があります。ただ、この努力は、正しいルート上で行使すべきものであることを忘れないようにしてください。

私の教える伊藤塾では、個別指導をひとつの標語にしています。個別指導とは、講師・合格者スタッフが単に個別に学習を教えるだけでなく、塾生のスケジュール管理までも含まれると考えています。つまり、塾生が一人で行うと見誤りがちなルート選択を、講師・合格者スタッフの視点から客観的に把握し、修正できるようにしています。

ルート設定で大切なこと

それでは、ゴールからの発想で、合格へのルート設定をしようとする場合、一番大切なことは何でしょうか。

答えは、「ゴールと現在地を明確にすること」です。

すなわち、まず合格に必要な知識・思考力はどの程度のものであるかを明確に知ることです。

私ばかりではなく、長年にわたって法律に密接に関わる仕事をしている人は、ある資格の試験問題を解いてみて、どの程度の実力があれば合格ができるか把握することができます。そして、合格できる実力と現在の自分の実力の乖離を認識し、例えば、「ここは十分足りている」とか、「ここは若干足りないな」等と整理し、足りないところだけを埋めて、難なく、試験に臨み合格を果たします。

この話はまさに、ゴールからの発想の典型例です。そして、この人が行っていることは何か、もう一度見直せばわかると思いますが、まさに「ゴールと現在地を明確にする

ゴールを明確にして最短ルートを選ぶ

こと」なのです。

もちろん、ここまで明確にできるようになるまで、この人が長年経験を積んできていたことは忘れてはなりませんから、法律をあまり勉強したことがない人には難しいでしょう。

さらに、忘れてはならないことは、こういった人は、ひとつの目標を果たすために使うべき労力を最低限にすることにより、楽をするのではなく、他の目標も併せて設定し、そちらに余った労力を回しているのです。

仕事ができる人の秘密

「仕事ができる人」という言葉から、多くの仕事を抱えながらも、一つひとつに対して結果を出している人をイメージできるのではないでしょうか。

なぜ、同じ時間でこうも結果が違うのか？　それは、できる人間は、ゴールからの発想を持って、ゴールと現在地を明確にしているからこそ、最短ルート・最低限の労力で一つひとつの目標を達成し、余力を別の仕事に回しているからです。

そして、このように最短ルート・最低限の労力で目標を達成することにより、できた時間・労力を別の仕事に回していくから、言い換えれば、より多くの仕事をこなしていくからこそ、その人間の実力は上がります。そして、実力が上がっていくからこそ、新しいゴールと現時点の距離がより短いものとなっていくのでしょう。

ゴールと現在地を明確にして、例えば、合格するために何点得点できればよく、そのためにはどの科目でどの程度得点をとればよいかを把握し、その実力と現時点の距離を考え、受験勉強のどの時期にどの程度の実力が必要だから、そのために必要な勉強は何か……というように、試験日から現在までを逆算するかのようにして、いつ何をすべきかを考えていくのです。

ルートが設定できれば、後は実行です。実行も決して楽な道ではありません。ただ、このときこそ、努力をすべきであり、苦しいときを支えてくれるものは、先ほどの「合格後を考える」です。

様々な壁にぶつかり、ときに立ち止まらざるを得ないこともあるかもしれません。こういったときは、再度同じ要領でルートを確認して、一歩でも前に進むようにしていきましょう。

やればできる！　必ずできる！　です。

3
勉強法1「記憶術」

記憶術① 丸暗記だけでは通用しない

「法律」とか「試験」という言葉を聴いたとき、丸暗記が必要だと考えてしまうことがあります。実際にそうして失敗をしてしまう受験生がいることも事実です。

残念ながらと言うべきか、丸暗記で積み重ねた知識だけでは、法律系の資格試験には通用しません。

というのも、法律系の資格試験では、必ずしも覚えた知識がそのまま試験に出題されるとは限らないのです。

例を挙げてみましょう。法的三段論法という考え方があります。

裁判で、裁判官はどのように具体的な事件を裁断していくのかというと、「法律」（あるいは文言が抽象的である場合、その解釈も含む）に、「具体的な事実」をあてはめて、「結論」を出します。この過程を法的三段論法と言います。

法律というものは、通常、不特定多数の人に対して、不特定多数の事件について適用することができるように、一般的、抽象的に規定されています。そこで、具体的な事件で、ある法律が問題となっているとき、その法律をどう解釈するかも、裁判所の重要な仕事になります。裁判所の中でも、最高裁判所が行った法解釈は、その後の同様の事件に対して、基本的に拘束力を持つので、法律に並び重要な知識になります。

さて、資格試験でも同様に、具体的な事実が前提として出されて、その事実を受験勉強で培った法律の知識（解釈を含む）にあてはめて、結論（○か×か）を出していかなければなりません。

ここで改めて、自分が覚えた知識と試験問題とを比較してみましょう。覚えた知識はあくまでも法律や判例です。一方、試験問題には、その法律や判例がそのまま出題されるわけではなく、具体的な事実とその結論が書かれているだけです。

そうすると、試験問題を解くためには、そこに書いてある具体的な事実を読み、まずどの法律や判例の知識を使って解くのかを把握します。そのうえで、自分の持っている

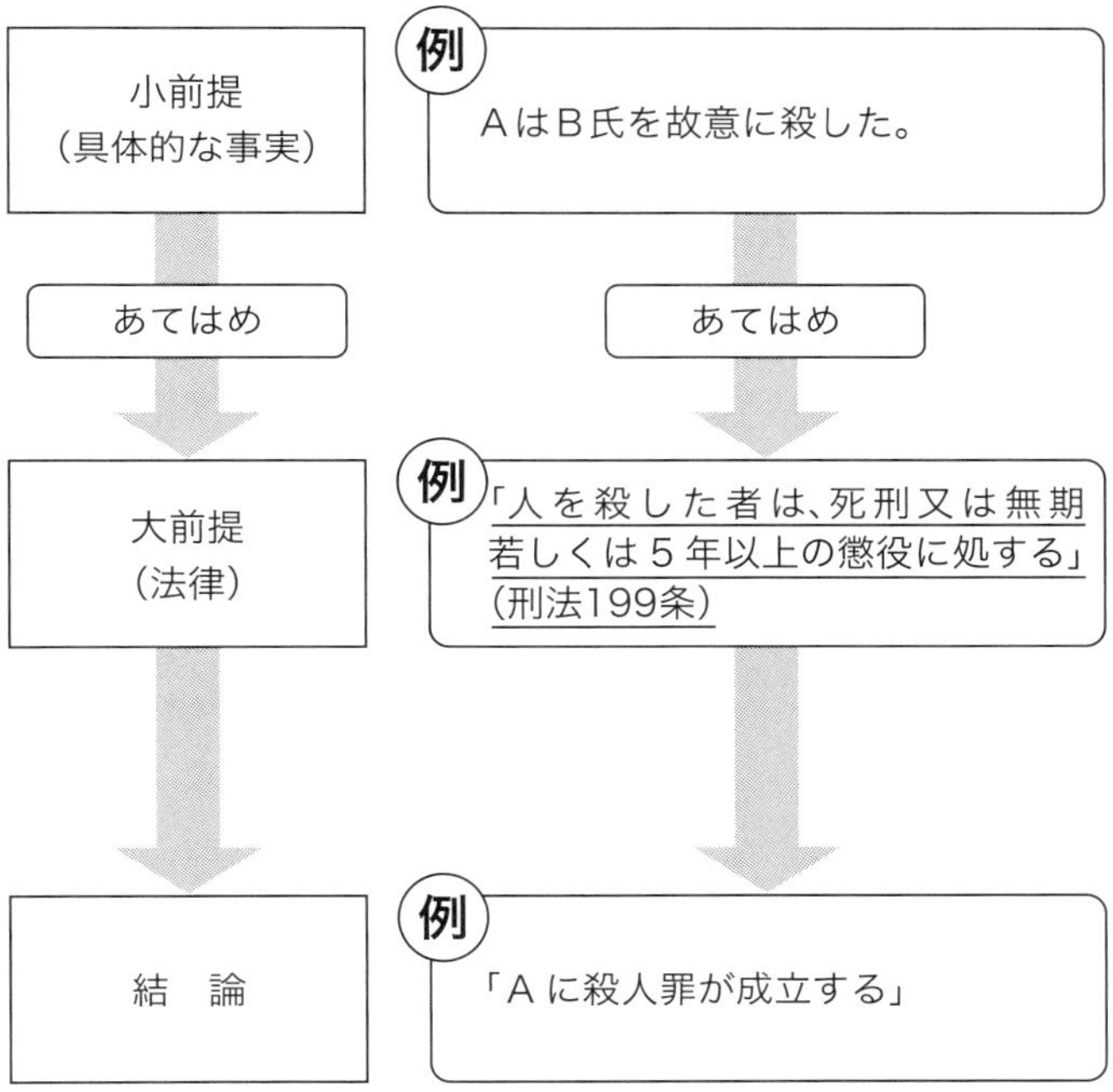
小前提
（具体的な事実）
例
AはB氏を故意に殺した。
あてはめ
あてはめ
大前提
（法律）
例
「人を殺した者は、死刑又は無期若しくは5年以上の懲役に処する」（刑法199条）
結　論
例
「Aに殺人罪が成立する」

法的三段論法

法律や判例の知識に具体的事実をあてはめてみます。そして、結論に書かれていることの正否を判断することになります。結論を知っているだけの知識の丸暗記では応用力がなく、試験場で初めて見る問題の事案に臨機応変に対応できないのです。

丸暗記の知識では、試験には通用しないことがわかったかと思います。

それでは、具体的にどのように記憶していかなければならないのでしょうか。

知識自体を正確に覚えておかなければならないことは当然ですが、具体的な事実を見て、どの知識を使うべきか把握する力を身につけるためには、その法律や判例がどのような場合に適用されるのかを整理しておかなければなりません。また、具体的な事実を見たときに、これまで培ってきた知識では解けない問題も出題されることがあります。このときは、類似の事実や制度から推測して、「あの事件では、最高裁判所はこういう論理でこういう結論を出した。ならば、今回の事件での結論はこうなるはずだ」とか、「今回問題となっている制度は、こういう趣旨で作られた。だとすれば、今回の問題についてはこういう結論になるはずだ」という論理的思考をして、結論を探していくことになります。

問題をこのように解いていく以上、知識の覚え方についても、法律の作られた趣旨や実際の過去問題を見て、法律系資格の問題をイメージできるようにしてみましょう。

次の問題は、平成22年度行政書士試験において、「問題27」として出題されたものです。

AがBに対してA所有の動産を譲渡する旨の意思表示をした場合に関する次の記述のうち、民法の規定および判例に照らし、妥当なものはどれか。

1 Aが、精神上の障害により事理を弁識する能力を欠く常況にある場合、Aは当然に成年被後見人であるから、制限行為能力者であることを理由として当該意思表示に基づく譲渡契約を取り消すことができる。

2 Aが、被保佐人であり、当該意思表示に基づく譲渡契約の締結につき保佐人の同意を得ていない場合、Aおよび保佐人は常に譲渡契約を取り消すことができる。

3 この動産が骨董品であり、Aが、鑑定人の故意に行った虚偽の鑑定結果に騙された結果、Bに対して時価よりも相当程度安価で当該動産を譲渡するという意思表示をした場合、Bがこの事情を知っているか否かにかかわらず、Aは当該意思表示を取り消すことができない。

4 Aが、高額な動産を妻に内緒で購入したことをとがめられたため、その場を取り繕うために、その場にたまたま居合わせたBを引き合いに出し、世話になっているBに贈与するつもりで購入したものだと言って、贈与するつもりがないのに「差し上げます」と引き渡した場合、当該意思表示は原則として有効である。

5 Aが、差押えを免れるためにBと謀って動産をBに譲渡したことにしていたところ、Bが事情を知らないCに売却した場合、Cに過失があるときには、Aは、Cに対してA・B間の譲渡契約の無効を主張できる。

行政書士試験の問題例（正解：4）

判例の論理的な流れを理解しながら覚えていく必要があるでしょう。

記憶術②　まずは比較して考える

論理的に物事を考える力が必要であるとして、それではどのようにこれを鍛えていけばよいのでしょうか。

論理的思考の大切さを頭では理解していても、実際にやっている勉強は「順序立てて考える」よりも「丸暗記ばかり」になってしまっている人を見かけます。

そこでまず「比較する」ことを薦めます。

法律に規定されている様々な制度の中には、類似の制度も存在します。

このような制度を勉強するときには、両者を比較してみると共通点を明らかにすることができるとともに、相違点もハッキリと見えてきます。

そして、相違点について比較してみると、本質的に両者に違いがあるからこそ、それ以外の点にも違いがあることに気づくことができます。

比較は、頭で整理をしようとしても、なかなか難しいものですから、両者の特徴を表や図として書き出してみるとより一層理解が進みます。

図表は、何もテキストに書かれているものだけがあればいいわけではありません。そもそも、テキストに記載されている図表は、一般的な受験生が言葉だけでは理解しづらかったり、混乱する箇所をまとめているものです。

受験生一人ひとりが異なる弱点があるのは当然ですので、ぜひ自分でも図表を作ってみてください。その図表を作る作業そのものが、法律の理解を大いに助けます。

こういった「比較」は、何も法律系資格の受験勉強だけで使えるものではありません。普段の仕事や日常生活から、似たようなものに気づいたときに、「どこが共通点でどこが違うのか。どうしてそういう違いがあるのか」と考えていくことも論理的思考を高めるための立派な方法です。

また、「なぜそうなるのか」という理由を意識することも良いでしょう。

法律は無意味に存在するわけではありません。必ず、理由があって作られます。そこで、勉強するときに「なぜそうなるのか」と意識して、勉強をするようにしましょう。「なぜそうなるのか」「なぜなら～」と自分の中で整理することで、やはり論理的思考を高めることになります。

例えば、民法では、「地上権」と「土地賃借権」という２つが似ているものとして有名です。このとき、両者がどこを共通点とし、どこが相違点であるかをはっきりさせるためには、比較をしてみるのが一番です。そこで、一般的に次のような表を作って理解します。

<table>
<tr><th colspan="3"></th><th>地上権</th><th>土地賃借権</th></tr>
<tr><td colspan="3">共通点</td><td colspan="2">地上権、賃借権ともに他人の土地を利用する権利</td></tr>
<tr><td rowspan="8">相違点</td><td colspan="2">権利の性質</td><td>物　権</td><td>債　権</td></tr>
<tr><td colspan="2">対抗力</td><td>あ　り（177条）</td><td>あ　り（605条）</td></tr>
<tr><td colspan="2">登記義務</td><td>あ　り</td><td>な　し</td></tr>
<tr><td rowspan="2">存続期間</td><td>約定期間あり</td><td>最長・最短制限なし</td><td>最長20年
最短制限なし</td></tr>
<tr><td>約定期間なし</td><td>①　慣習
②　当事者の請求により裁判所が定める（268条２項）
→20年～50年
③　地上権者は自由に放棄可
→ただし、有償の場合は１年前の予告又は１年間の地代支払が必要</td><td>いつでも解約申入れ可（617条）
→申入れ後、１年で終了（617条１項１号）</td></tr>
<tr><td colspan="2">地　代</td><td>契約の要素でない</td><td>契約の要素である</td></tr>
<tr><td colspan="2">修繕義務</td><td>な　し</td><td>あ　り</td></tr>
<tr><td colspan="2">譲　渡</td><td>地上権設定者の承諾不要</td><td>賃貸人の承諾必要</td></tr>
</table>

似たものを「比較して考える」

記憶術③　全体を見渡してから登る

1つの法律の学習範囲を考えても、その範囲は膨大な量になります。一般的に、大学の先生方が執筆された書籍を「基本書」と表現しますが、これらを手にとってみると、重さから膨大な量を実感できると思います。また、資格試験では、1つの法律から出題されるのではなく、複数の法令から出題されます。

このことから、資格試験の出題範囲にはいかに莫大な知識が入っているか、想像できるのではないでしょうか。

1から詳細につぶすつもりでチャレンジしようとしても、到底制覇することは難しく、普通であれば、途中で何がなんだかわからなくなり、覚えていくことにも嫌気がさして投げ出してしまいます。

しかし、この莫大さにくじけてはいけません。実は、これら莫大な知識は相互に独立している知識ではなく、それぞれの知識が密接に関連づけられています。

ですから、勉強に取り掛かった頃に出てきた知識をよく理解できていなくても、一通り全体を勉強した後に改めて見直してみると、「あっ、あの知識とあの知識は関連していたのか！」と気づくこともよくあります。

そこで、私が薦める勉強法ですが、1つの法律を勉強するときは、まず全体を大きく見渡してみることです。

次に、1つの制度を詳細につぶしていくのではなく、まずは基礎事項から勉強していきます。

細かいところに初めから手をつけてみてもなかなか先には進めませんし、先ほど述べたとおり、個々の知識は相互に密接に関連していますから、細かいところは、一通り勉強してから、改めて勉強するほうが効率的に進められることが多々あるのです。

例えば、民法で最初のうちに勉強する事項として「代理」という制度があります。この中でも「無権代理」という内容は特に重要な箇所なのですが、この無権代理の内容に、「無権代理と相続の関係」というものがあります。ここは、試験的に見ると非常に大切な箇所です。実は「相続」は「代理」とは別個の概念であり、これは、民法では通常最後のほうに勉強します。

そうすると、この2つの関係は、「無権代理」と「相続」の2つを勉強してからのほうがより効率よく理解できるのですが、そのためには、一通り民法を最後まで勉強したうえで、詳細については後から勉強していくほうが良いことになります。

歴史を勉強するときと似ていると思います。例えば、戦国時代を勉強するときに、織田信長から徳川家康までの出来事を一気にさっと勉強し、その時代の全体を見渡します。その後に、それぞれの武将の配下の功績なり、その時代の経済活動や市民の様子を勉強したほうがそれぞれの関連性がわかり、余計に戦国時代を理解できたという経験を、すでに学生時代にしているのではないでしょうか。

このように、いきなり細かいところまで一気にやろうとするのではなく、まずは全体像を、そして基本を、それから徐々に応用へと、足元を固めながら少しずつ登っていく勉強法が法律学習には向いているのです。

また、常に意識しなければならないことは、「体系」です。すなわち、1つの法律の体系を意識して、自分が今その法律の全体のうち、どの部分を勉強しているのかを常にイメージしていくのです。

こうすることにより、法律という広い海の中を迷わずに進んでいくことが可能になります。

全体像を把握してから登っていく

この勉強方法は、単に理解という面で効果的なだけでなく、記憶という面においても非常に役に立つのです。というのも、人間が物事を覚えることができるのは、記憶の対象を、繰り返し繰り返し何度も経験したから、というのが最も大きな理由なのです。

例えば、あなたが今、当たり前に書くことができる文字や、簡単にできる計算を思い浮かべてみてください。

若い頃から繰り返し経験をしてきたから簡単にできるのではありませんか。

人間は、一度で知識を覚えることができる生き物ではありません。むしろ、忘れていく生き物です。このような人間が記憶をするためには、繰り返すしかないのです。

全体像を、そして基礎を、それから徐々に応用をという勉強をしていくと、学ぶ知識が基礎であればあるほど、繰り返し学習をすることができ、必然的に覚えていくことができるのです。

次に、どんなに知識があったとしても、問題を解く段階でその知識を使いこなすことができなければ、「宝の持ち腐れ」となってしまいます。

学んだ知識は、問題を解くときに使いこなすものであることを忘れてはいけません。繰り返しになりますが、法律系資格の知識は、個々に独立したものではなく、様々なものが密接に関係しています。

例えば、Aというテーマについて、a・b・cという知識があったとしましょう。また、これに関連するBというテーマについて、x・yという知識があったとします。試験問題では、問題文の柱書で状況設定としてAを提示しつつ、選択肢には、a・b・c・x・yという形で5肢が出ることがあります。

このとき、訓練を積んでいないと、x・yという知識を持っていたとしても、Aという状況設定がなされているため、関連テーマのBを思い出すことができず、結局、x・yという知識を使えずに、その問題を解くことができません。

ですから、このような問題を解けるようになるためには、日頃から訓練を積み、「そうか、xやyはAとBが関連しているから、Aというテーマ設定でも出題されることもあるんだ」と覚えていく必要があるのです。

そこで、ある知識を覚えるときには、体系を意識しながら覚えることはもちろん重要なことですが、それとともに、「その知識が問題ではどのような形で問われるのか」、つまり出題のパターンをも意識しておく必要があります。

そして、出題のパターンは、ただ知識を理解し覚えていく、つまりインプットの訓練だけでは身につけられません。アウトプット、つまり問題を解くことによって初めて身につけることができます。

よく資格試験の勉強において、インプットとアウトプットは車の両輪と説明されることがありますが、その理由がここにあります。

ですから、1つのテーマについて勉強したときには、必ずその復習としてそれに関連する問題を解いていく。もちろん、まだ勉強したての知識であったら覚え切れていないでしょうが、それでも問題を解いていく必要があります。

むしろ、問題演習を、「勉強したばかりの知識を出題パターンに応じて記憶していくための作業」と捉え、なるべく早い段階から取り組んでいくべきでしょう。

コラム

特に早期からの問題演習の訓練が重要なものとして、「民法」を挙げることができます。民法という法律は、私たちの私的生活関係を規律する法律として、最も基本となる法律であり、多くの法律系の資格試験で必須科目となるような法律です。

そして、この民法は、条文構成の仕組みとして「パンデクテン」という共通する事項を前に括る方式を採用しています。

ところで、民法は、私たちが私的社会において財産として考えることができる権利を2つに大別しています。1つは、物を持つこと等の物に対する権利としての「物権」、もう1つは、人に対して代金を支払えと請求すること等の人に対する権利としての「債権」という2つです。

ただし、これらに共通する事項も当たり前ですが存在します。例えば、そもそも物権や債権を持つことができる地位はいかなるものか？等です。それらをパンデクテン方式にのっとって、共通項として前に括り、「総則」として規定しています。

また、債権といっても、その発生原因は様々です。例えば、契約によって発生した

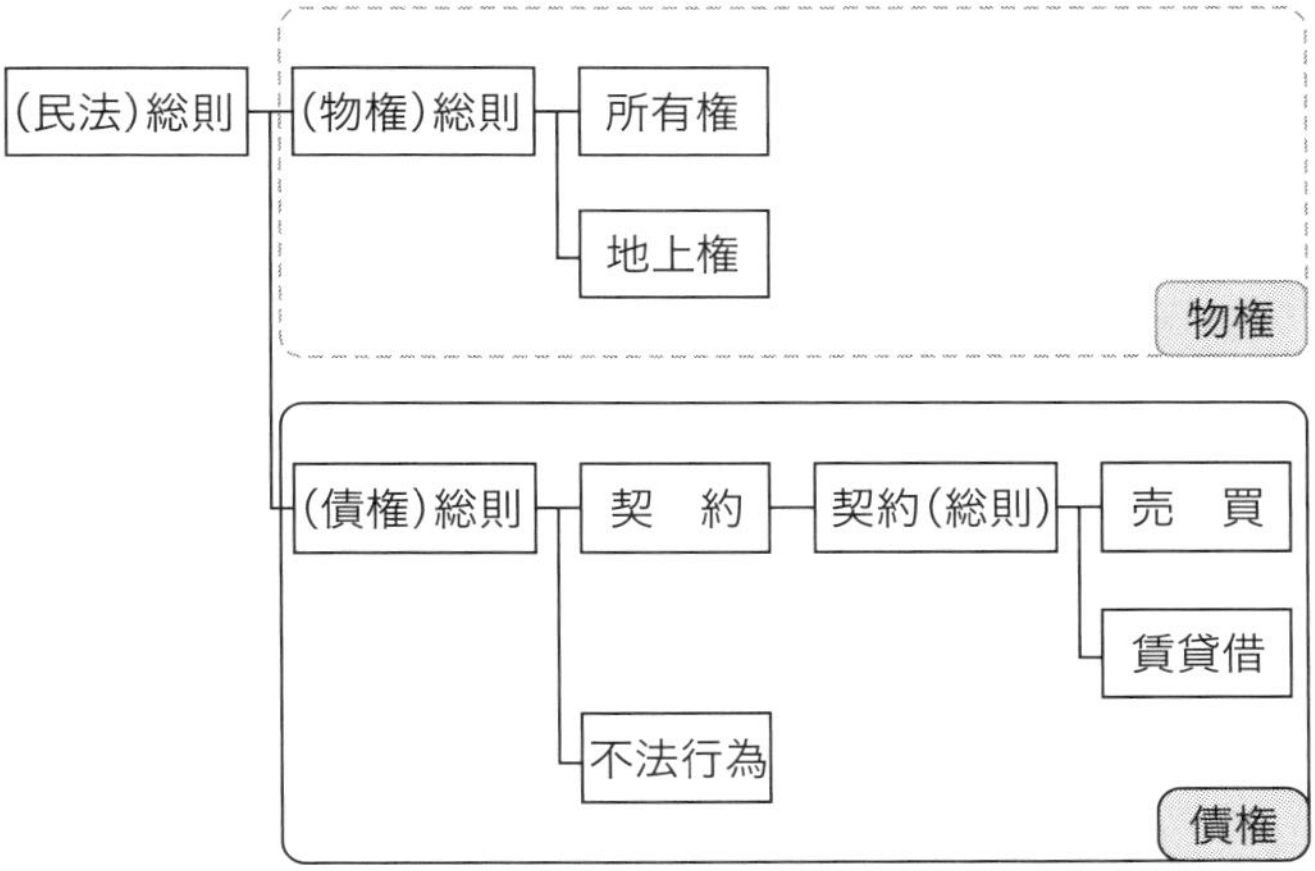

民法の体系（抜粋）

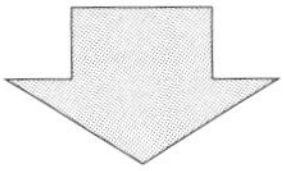

賃貸借について知りたいときは、
（民法）総則、（債権）総則、契約（総則）、賃貸借の 4 つの知識を確認

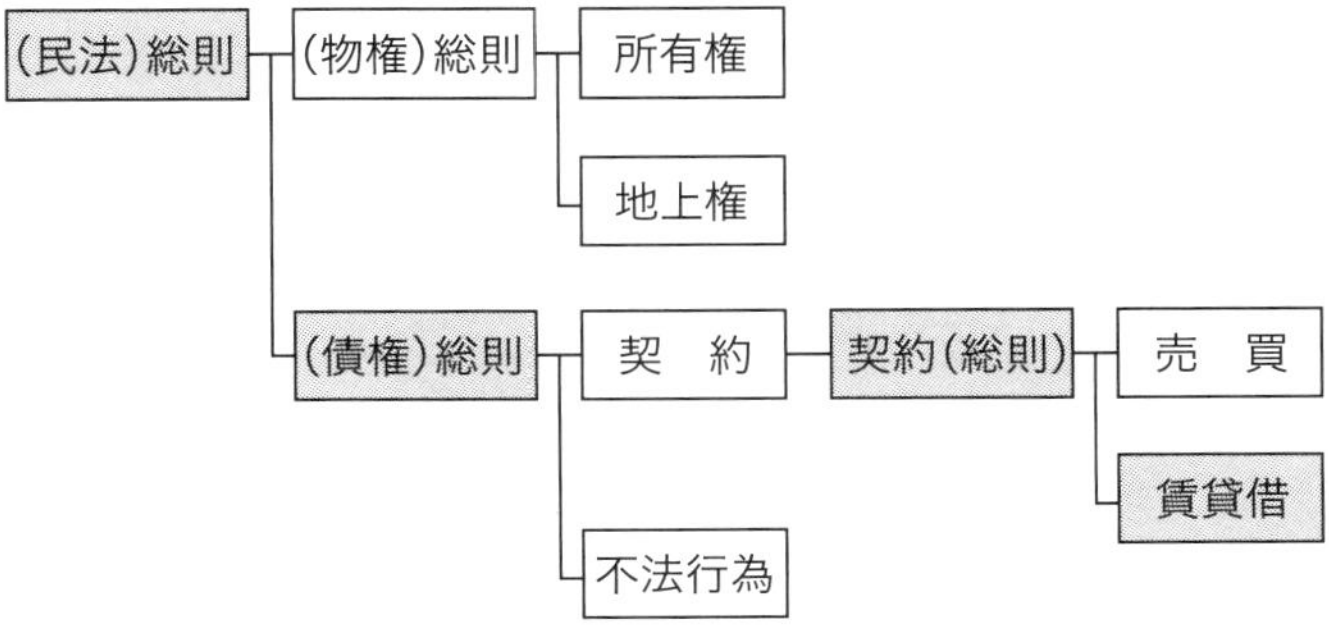

り、あるいは交通事故等が起こると被害者は加害者に対して損害賠償請求ができますが、これもまた人に対する権利ですから、不法行為によっても発生したりするのです。

そうすると、様々な原因によって発生する債権について、どのような原因であっても同じ債権ですから、債権に共通する内容はあるわけで、これら共通のものを各発生原因の前に出し「債権総則」として括ります。

さらに、契約といっても、売買契約や賃貸借契約等、様々な契約が存在します。そうすると、様々な契約の共通事項がやはり同様に各契約の前に「契約総則」という形で括られるわけです。

さて、それでは、ここであなたは「賃貸借契約についてトラブルが発生したので調べたい」と思ったとしましょう。

このとき、どこを見ればその知識を確認することができるでしょうか。

一般の「辞書」を調べる感覚で探そうとすると、「賃貸借」の項目を見ればよいとまず思うのではないでしょうか。

ただ、これまで話してきたとおり、共通項は前に括られているのですから、実は知りたいことが、民法総則にあるかもしれないし、債権総則にあるかもしれないし、契約総則にあるかもしれません。必ずしも、賃貸借にあるとは限らないわけです。

次に、試験問題を想定して考えてみましょう。問題文の柱書に「AがBに対してその所有する甲建物を賃貸した」というように「賃貸借契約」を設定したとします。

このとき、全ての選択肢を「賃貸借」の知識で問うことも可能ですが、先ほど述べたとおり、民法総則や債権総則、契約総則の知識を問うことも十分可能なわけです。

このようにパンデクテン方式を採用している民法は、他の法律以上に、一問で様々なテーマから出題することが可能になります。

そうすると、「契約」の問題を解くときには、必ずしも契約の話ばかりが問われるわけではないと注意していかなければなりませんし、他方で、例えば民法総則を勉強しているときも、「このテーマは必ずしも民法総則の問題ばかりで問われるわけではないな」と感じながら勉強していくことが重要です。

記憶術④　選択問題と論述問題はどちらが難しいか

あなたもこれまでに様々な試験を経験してこられただろうと思います。

例えば、歴史等の社会科のテストを思い出してみると、択一式（選択式）のものもあれば、一定の文字数を書かせる記述式のもの、場合によっては小論文を書かされたこともあるのではないでしょうか。そして、おそらく多くの人にとって、これらを簡単な順に並べてみると、①択一式、②記述式、③小論文となるのではないかと思います。

不思議なようですが、問われている知識のレベルが違うのではなく、「出題の形式」に応じて、私たちは、対象を難しく感じたり、易しく感じたりするのです。

ではなぜ、出題形式によってこうも難易度が変わるのかというと、それは結局、求められている知識が問題文に表されているかどうかにかかってきているのです。

択一式の場合、問題文に知識の内容が表れています。解く側は基本的にそこに書かれている内容について、自分の持っている知識と照合して、○か×をつけます。これは、受動的といえます。

一方で、記述式等の場合は、問題文に知識の内容が表れていないため、自分から積極的に知識を思い出し、文章として構成していかなければならないことになります。こちらは能動的といえます。

この差が小さいようで、実は非常に大きい。だから、一般的に、択一式よりも記述式等のほうが難しく感じるのです。

また、記述タイプのものでも、短文を書くだけであれば、その文章としての意味が通っていれば問題はありません。しかし、論文を書くとなると、1文の意味が通っていることだけでなく、文章全体として論理的な構成がなされていなければならないため、より一層難しく感じます。

記憶のあり方としても、出題形式に応じた記憶が必要になってきます。すなわち、択一式に要求されるレベルは、記述されているものに対して◯か×をつけられる程度の知識を記憶しておく必要があり、一方で、記述式に要求されるレベルは、自ら能動的に思い出し、記述できる程度の知識を記憶しておく必要があります。

また、択一式の場合、1問にかける時間が短くて済む分、より多くの問題を出題することができますが、記述式の場合、1問にかける時間が比較的長く必要になるため、そ

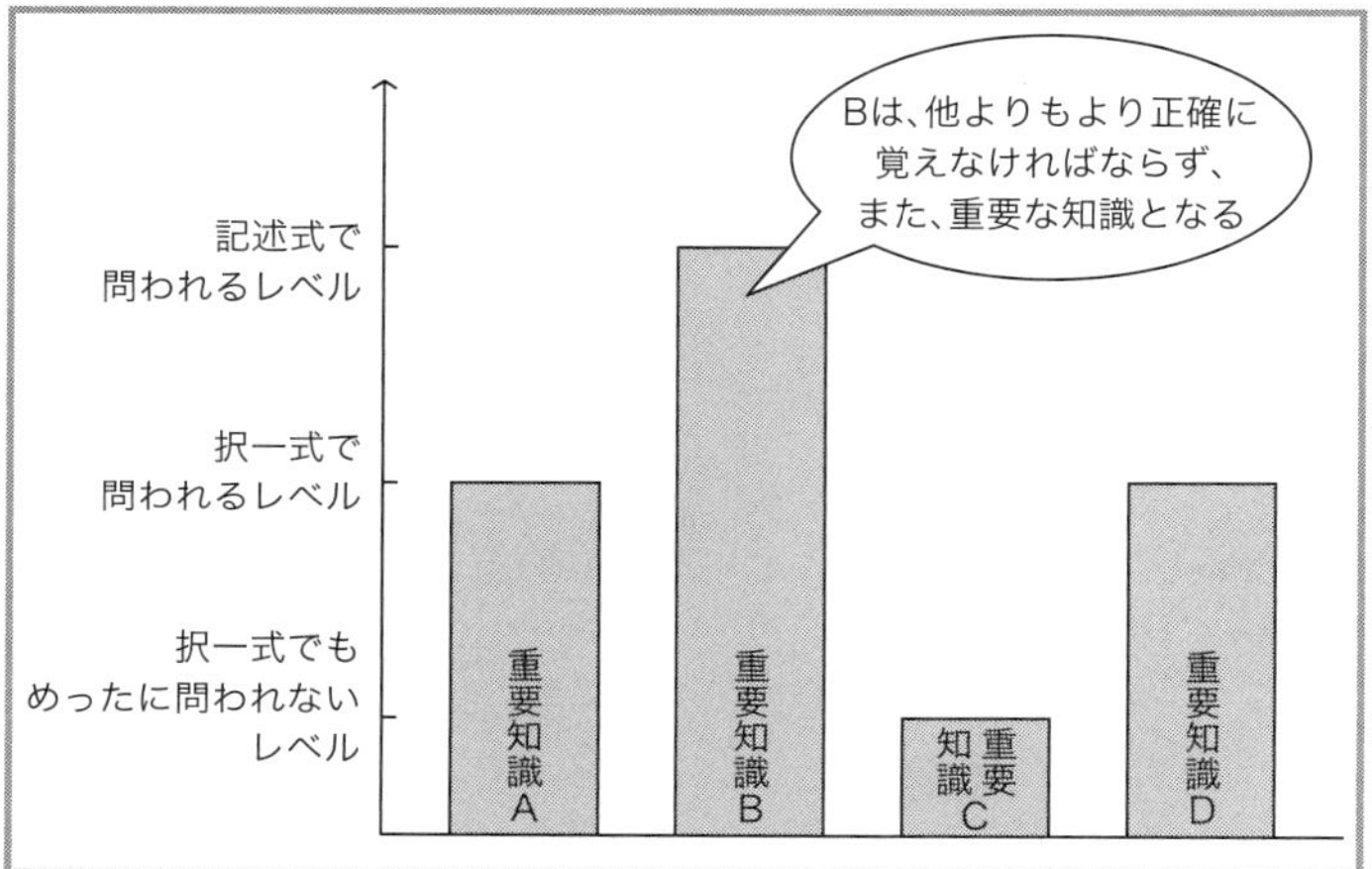

出題形式によって要求される知識が異なる

の分、問題数としてはそれほど出題できないことになります。例えば、行政書士試験を見ると、全部で60問出題がありますが、そのうち、57問が択一式で、3問が記述式です。

一般的に、択一式の場合はたくさん出題できる分、より広い範囲の知識が問われるのに対し、記述式の場合、出題問題数が限られるため、その分、より重要な知識が問われることになります。

もちろん、試験科目は非常に広いため、択一式であってもめったに出題されないような箇所もあります。

このように考えていくと、記述式まで出題されるような（必然的に択一式でも出題される可能性はある）重要知識・基礎知識は、能動的に自分で表現できる程度まで勉強をしておかなければならないのに対して、択一式でしか問われないような知識については、受動的に記述されているものに対して正誤をつけられる程度に勉強をしておけば十分ということになります。

このように出題形式に応じて、要求される知識のレベルは異なりますから、勉強をするときに、「どの程度の記憶のレベルが要求されるのか」を考えながら進めていくとよいでしょう。

記憶術⑤　あの日の失敗を覚えているわけ

ここまでは、問題演習の重要性について述べ、なるべく早いうちから問題演習に取り組むべきであるとお薦めしました。ここでは、別の視点から再度、問題演習の重要性についてお話しします。

合格体験記等を読むと、合格者が示唆してくれる合格の秘訣として、よく問題演習の重要性が挙げられています。

一方で、不合格だった人の失敗事例を調べていくと、問題演習の不足もひとつの大きな要因になっています。また、問題演習に積極的に取り組まなかった人は、「まだ覚えていないから演習には取り掛かれない」ということをよく口にします。

確かに、覚えていなければ問題を解くことは難しいでしょうし、解けない自分を見たくない気持ちは誰にでもあるものでしょう。折角ならば、スラスラと問題が解けて高得点ばかりの自分を見たいものです。

しかし、ここに重要な見落としがあります。

問題演習は、点が取れる、できる自分を確認するためにあるわけではありません。

そもそも問題演習も記憶作業も、ともに受験勉強の一環で行うものです。受験勉強であれば、ある一定の作業を通じて成長していなければいけません。

仮に偶然にも高得点が取れたとしても、そこにあるのは自己満足でしかなく、その後大した成長は望めません。

むしろ、問題演習を行い、間違ったら、間違ったところをしっかりと復習し、覚え直すべきことを覚え直すことにより、成長があるのです。

ですから、例えば、100点満点の問題演習に挑戦して最初は40点しか取れなかったとしても「40点しか取れない。ショックだ！」と嘆く必要はありません。むしろ、「まだ60点分もノビシロがあるぞ。しっかり復習すれば、ここは一気に成長できる！」と前向きに考えていけばよいのです。

さて、自分の過去の失敗で、いつまでも鮮明に、かつ細部にわたって詳細に記憶に残っているものが1つや2つあるのではないでしょうか。

記憶はそもそも「意味記憶」と「エピソード記憶」の2種類に分けることができます。「意味記憶」は、算数の九九や円周率の3・14……、あるいは歴史の年号等、抽象的な知識を得る記憶で、いわゆる丸暗記で覚える方法がこれにあたります。他方、「エピソード記憶」は、感情や時間、場所等自分の何らかの経験と結びつけた記憶法を意味します。

そして、知識を経験に結びつける方法として有効な手段が、実は問題演習なのです。問題演習をして「間違えた」という経験は鮮明に記憶に残りやすく、これと結びつけて記憶した知識はそう簡単には忘れません。

このように考えると、問題演習で間違え、復習の過程で覚えていった知識は、漫然とテキスト等を読んで覚えるよりも、記憶に残りやすく、ずっと効果的に覚え続けていることができるのです。

ですから、間違えることを恐れる必要はありません。むしろ、間違えることは成長することができるチャンスと捉え、積極的に問題演習に取り組んでください。

塾生の中には、それなりに一定の年齢に達しておられる人も増えてきていますが、よく「年をとると記憶力が減っちゃって、若い人にはかなわないな」という悩みを打ち明けられることがあります。

「意味記憶」という丸暗記による記憶方法は、幼少時に長けており、年とともに減退すると言われています。確かに、幼児が言葉を覚えていく期間を考えてみると、いかに短い間に膨大な言葉を覚えているかがわかります。

このことからすれば、確かに「年をとると記憶力は減退する」と言えるでしょう。

しかし、記憶は「意味記憶」だけではなく、「エピソード記憶」もあることを忘れてはなりません。「エピソード記憶」は、自分の何らかの経験と結びつけた記憶法をいうのですから、こちらの記憶法はむしろより多くのことを経験した者のほうが適しています。

例えば、「賃貸借契約」という項目の勉強をするにしても、実際にアパートやマンションなどの部屋を借りた経験、つまり賃貸借契約をして自分が賃借人になった経験がある人のほうが、当事者の立場を容易に理解できるでしょう。

このように考えてみると、確かに年とともに「意味記憶」は難しくなるかもしれませんが、一方で、「エピソード記憶」をする力は向上していくことがわかります。「意味記憶」という一面だけを捉えて「記憶力が減退した」と評価すべきではありません。

むしろ記憶の定着を高めるために大切なことは、個々に適した記憶の方法を採用することです。

一般的に、社会人であれば、自分の経験と結びつけた形で記憶をしていくことをお薦めします。先ほどの賃貸借契約の例のように、法律を勉強するときに自分が当事者になったつもりで考えていくのです。

そもそも法律の多くは、日本という社会で起きる様々な事象を規律しているものです。自分自身のこれまでの経験や想像力を膨らませていけば、その中の1つが、規律するあ

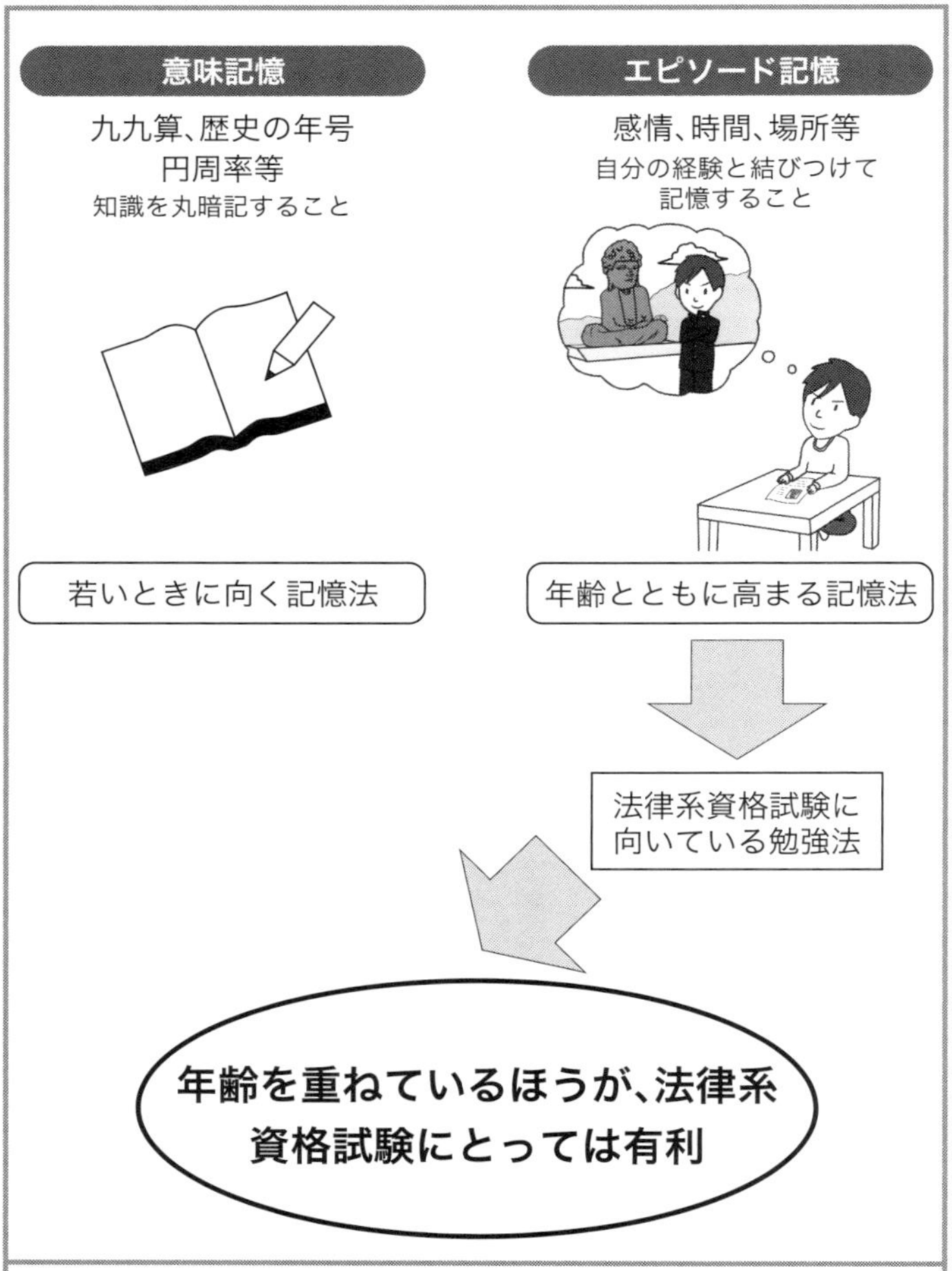
意味記憶
九九算、歴史の年号
円周率等
知識を丸暗記すること
若いときに向く記憶法
エピソード記憶
感情、時間、場所等
自分の経験と結びつけて
記憶すること
年齢とともに高まる記憶法
法律系資格試験に
向いている勉強法
年齢を重ねているほうが、法律系
資格試験にとっては有利

意味記憶とエピソード記憶

る事象にあてはめられると思います。そうすることによって、当事者の立場に立って考えていくことが可能になります。

このように考えていくことにより、「エピソード記憶」となり、効果的な知識の定着につながっていくのです。

法律系の資格試験の勉強は、以前に「丸暗記」では通用しない話をしましたが、むしろ「エピソード記憶」を中心にしていかなければならないのです。

法律系資格の勉強では、平衡感覚を身につけることもとても大切です。2人の人間がそれぞれの利益をめぐって争っているとき、決着をつけるためにはどちらかの利益を犠牲にしてもう一方の利益を守らなければならない場面も出てきます。

このときどちらの利益を守るべきか。その判断を論理的に考えていくこともまた重要ですが、普段から、片一方の当事者の立場から物事を考えてみて、また想像力を膨らませて今度はもう一方の当事者の立場から考えてみる。このように勉強をしていけば、この平衡感覚を身につけることができます。

年とともに記憶力が減退するということはなく、むしろ、年とともに法律系の資格試験を勉強する下地ができていると考え、大いに自分の経験と想像力を活かし、記憶に励んでください。

記憶術⑥　感情・感覚が記憶を左右する

「エピソード記憶」に長けているはずの一定の年齢を重ねた人が、「エピソード記憶と言われても記憶力が弱いのだからどうしようもないじゃないか」「これまでの経験に結びつけてもちっとも覚えられない」と思われることもあることでしょう。

この場合、別のところに原因がある可能性もあります。

それは、新しい物事に対して強い関心を持たなくなってしまったということです。経験を積むということは一面においてメリットとなるのですが、一方で大概のことは経験済みとなると何をするにしても新鮮な気持ちを持ちづらくなってしまいます。

記憶は、喜怒哀楽の感情によっても左右されます。

喜怒哀楽の振幅が狭くなり、対象に対して新鮮な気持ちで強い関心を持てなくなると、感情と結びつけて記憶することができなくなり、結果的になかなか記憶することができないという事態が生じます。そして、悪いことに、この事態はさらに関心を失うという悪循環を生んでしまいます。

教壇に立っていて、受講生の顔を見ていると、このことがよくわかります。長年受験している受講生の中には、講義を聴いていても「あぁ、その話は知ってるよ」というような顔をして、大してメモもとらずにいる人がいます。いわゆる、授業に身が入っていないという状態ですが、残念ながら、こういった場合は結果がなかなか出ません。

他方で、受験経験がなく、一生懸命にノートをとりながら、講義に夢中になっている人は、やはり結果を出してきます。ここに年齢の違いはありません。

これは講義に限った話ではありません。

感情が、強い関心が、記憶を左右することは、あなたも知らず知らずに経験したことがあるのではないでしょうか。

例えば、自分の住み慣れた町があって、その町については何でも知っているつもりでいても、友人が遊びに来たときに、「駅前に美味しそうな定食屋さんがあるね」とか、「へえ、ずいぶん遅くまで開いてるんだね」と言われると、「そんなお店があったかな？」と思ったりしたことはありませんか。

この場合、自分自身は住み慣れたために関心が薄れ、一方で、友人は初めて遊びに来たからこそ「どういう町だろうか」「何があるのだろうか」と、強く関心を持って街並みを見たため、そのようなお店に気づくことができたのです。

このように、記憶する対象に強い関心を持つことは極めて大切なことです。

経験があるからこそ、新しい分野にチャレンジするときには新鮮な気持ちで強い関心を持って臨み、これまでの自分自身の経験と組み合わせて、新たな発見をしてほしいと思います。

また、記憶は感覚にも左右されます。

ある昔のことを「あれは暑い夏の日の出来事だったな……」という感じで思い出し、そこを起点にして細部を思い出すことがあるでしょう。

さらに、幼い頃に、文字や漢字を覚えるために何度も繰り返し声に出し書かされた経験があるのではないでしょうか。漫然と文字を目で追うだけよりも、声に出し書くことによって、様々な感覚が刺激され、効果的に覚えることができるからこのような方法がとられたのです。

過去の合格者の中には「講義を100回聴きました」というツワモノがいましたが、この合格者の場合は、講義を聴きながらテキストを読むという形で「聴覚」と「視覚」をフルに活用した事例といえるでしょう。

このように、感覚をフルに活用していくことも記憶を効率よくしていくために大切な手段といえます。なお、伊藤塾では、テキストと条文を音読するように薦めていますが、実際、短期合格者の中には音読を取り入れて勉強をした人が多いです。

記憶術⑦　1時間以内に復習する

人間は忘れる生き物です。だから、どんなに忘れたくなくても、たった一度の記憶では、時間の経過とともに記憶は薄れていってしまいます。ですから、テキストを読んだ後、講義を聴いた後は必ず復習をしなければいけません。

ドイツの心理学者・エビングハウスの「忘却曲線」という実験があります。この実験によると、人は20分後には42％を忘却し、1時間後には56％を忘却し、1日後には73％を忘却し、1週間後には77％を、1か月後には79％を忘却するとのことです。

テキストを読んだ後、講義を聴いた後、たったの1時間で半分以上の事柄を、1日後には7割以上を忘れてしまうことになります。

ですから、テキストを読んだ後、講義を聴いた後、1時間以内に復習をすることが望ましいことになります。例えば学校や受験指導校でその日最後の講義を聴いた後の1時間というと、だいたいの人は帰宅した直後か、帰宅途中でしょう。「今日も1日、終わったな」「今日もよく勉強したな」とくつろぎたくなる時間帯でしょうが、ここをグッとこらえて、少しでもその日の講義内容を振り返り、復習をしてほしいと思います。

私が教える伊藤塾の塾生には、講義が終わった後、できれば席を立つ前にその場でそのまま簡単な復習をしてほしいと言っています。ですから、伊藤塾では、講義が終わった後も教室に塾生が残っているのは珍しい光景ではなく、その中から毎年、短期間の勉強で合格していく者が生まれています。

また、記憶を定着させる時間帯としてもう1つのオススメが、「毎日5分、寝る前に記憶する時間をとる」ことです。

寝る前が記憶に適した時間帯であることは、脳科学でも実証されています。睡眠中、人間はその日に起きた事柄を思い出し、再生し、記憶を強化しているとのことです。

寝る前と聞いて、大変だなと思ったかもしれませんが、一生続けるわけではありません。試験までの数か月間だけです。合格を志した以上、ある程度大変なことがあっても当然です。これもまた自分を成長させるための糧であると理解して、頑張っていきましょう。

さて、復習の話に戻します。

いつもの復習に少しだけ手間を加えるだけで、劇的に効果が出る復習方法を紹介しておきます。

その方法とは、毎回毎回の復習をするときに、その回の復習だけではなく、それ以前の復習も併せて行っていくというものです。

例えば、ある講義の3回目を終えたところをイメージしてください。ここで3回目の内容だけを復習するのではなく、前回までに勉強した内容、つまり1回目と2回目の講義内容をザッと確認したうえで、その回の復習をするのです。各回の復習ではなく、全体を復習するというイメージを持ってもよいかもしれません。

こうすることにより、各回の講義のつながりが見えてきて、知識の体系や全体像を常に意識することができますし、また、以前に勉強した内容についてより一層の記憶定着を図ることができます。

こういった記憶方法は、インドでは「ヒンドゥー・メソッド」と呼ばれていて、古くから行われているそうです。

ヒンドゥー教では、聖典「ヴェーダ」を口頭で伝授しており、そのときに確実に覚えていくことができるように、まず1文目を完璧に覚え、2文目を覚えるときには、1文目をおさらいして覚えていく……という方法を繰り返すことで、最後には膨大な聖典を記憶することができるそうです。

まさに一歩一歩確実に歩みを進めていくように思えますが、この一歩一歩が、結局、膨大な量の知識の定着へとつながっていくのです。

さて、ここまで様々なところで記憶について触れてきました。

すでにお気づきだと思いますが、結局、記憶をしていくためには反復継続をしなければなりません。

反復継続して、繰り返し、繰り返し勉強をしていくからこそ、記憶することができるのです。

記憶を定着させるために、効果的な方法はありますが、これらの方法も繰り返しの勉強がその前提にあることを忘れないでください。

そもそも、私たちは、幼い頃から何を覚えるにしても、繰り返しやってきました。今では当たり前のように書ける平仮名、漢字にしても、足し算、掛け算等の計算にしても、あるいは自転車に乗ることも、逆上がりも、全ては繰り返し行い、定着させ、その後も継続して行ってきたからこそ、当たり前のようにできるようになったのです。

そして、このように記憶してきたことを利用することによって、様々な人とコミュニケーションがとれたり、楽しい遊びの時間を過ごせたり、人生をより充実した豊かなものにしてきました。

このように考えていけば、記憶という繰り返しの作業、その1回、1回が、人生をより豊かなものにしているとも言えるでしょう。

だからこそ、繰り返しの勉強を決して無味乾燥的なつまらないものと捉えないでほしい、とても意義のある時間を過ごしているのだと感じてほしいと思います。

記憶術⑧　覚えられない、ではなく、覚えなければいけない

何かと理由をつけて覚えられないとグチをこぼしてしまう人がいます。

しかし、「覚えられない！」という姿勢ではなく、「覚えなければいけない。では、どうしたら覚えられるだろう？」と、考え方も行動も変えていかなければいけません。

ここまで様々な記憶方法、勉強方法について述べてきましたが、それら以外にも、マーカーで色分けをする、記憶したい対象ごとにあえて異なる大きさの様々な紙やカードを使ってみる、マインドマップを作ってみる、自分で自分に講義をする「セルフレクチャー」を行う……等々、いろいろな方法があると思います（参考『記憶する技術』伊藤真著　サンマーク出版）。

要するに、「どうしたら覚えられるだろう？」と様々な方法を考えてみる、行動を起こすことが大切なのです。

ある全盲の受験生は、かつて伊藤塾で学びました。視覚は制限されていましたが、聴覚を活かし、見事に司法試験に合格し、現在は弁護士として活躍しています。

大切なことは、あきらめないことです。考え、工夫を重ね、続けることです。

そもそも人間は忘れる生き物なのですから、忘れて当たり前です。覚えられなくて当たり前です。

ですから、泣き言を言わないで、覚えられるようになるまで、繰り返し勉強をしていきましょう。「記憶する力」というのは、「あきらめずに続けていく力」です。特別な才能ではなく、誰もが得ることができる、それでいて、様々な障壁を克服することができる、人生をより豊かなものにすることができる偉大な力です。

4

勉強法2「時間術」

時間術① 現在を犠牲にせずに頑張る

一般的に、時間術という言葉を語るとき、いかに短い時間で成果を上げていくかという「効率性」ばかりが重視されているように思えます。

もちろん、効率性も重要な尺度であり、一定の評価基準になるでしょう。

しかし、果たして「時間の価値」とは効率性だけで決まるものでしょうか。

効率性を追求していくときに時間の良し悪しの判断となるのは、その時間でいかに成果を上げたかという結果です。つまり、その過ごした時間自体の価値が語られるのではなく、「結果がこうであった」からその過ごした時間には価値があったと語られます。

この点について、重要な見落としがあるように思えてなりません。

果たして時間自体の価値、過ごした時間そのものの価値を語らずして、「時間の価値」を語ることはできるのでしょうか。

将来の結果をニンジンのようにぶら下げ、今を必死に過ごしても、結局、その先に本当にバラ色の未来はあるのでしょうか。一生懸命に1つの目標をクリアしても、クリアした後には、その後の新たな目標が待っています。

例えば、資格試験に合格しても、その後、厳しい社会で活躍していくためには、新たな目標を設定し、そこに向けて努力をし続けていかなければなりません。

目標をクリアするたびに、次の目標が現れて、その目標に向けてまたひたむきに走り続けるという繰り返しです。

今の幸せや楽しみを犠牲にして頑張るために、ニンジンとしてぶら下げていた「将来の幸せや楽しみ」は、人生の中で現れそうになっては消え、また現れそうになっては消えの繰り返しなのではないでしょうか。

私は、「時間の価値」を考えるときには、単に効率性・結果だけを追求するのではなく、その過ごした時間自体が持つ価値に着目しなければならないと思います。

現在過ごしている時間自体が、幸せなもの、楽しいものであるからこそ、その時間に価値があったと言えるのです。

単に効率性だけでなく、「時間の幸福度」というものも追求していくべきでしょう。そのために必要なことは、今過ごしているこの時間、まさに「この時間」それ自体に意味を持たせることです。

「未来のために現在は辛い。現在を犠牲にしなければならない」と考えるのではなく、「未来のためにある現在は価値がある、だからこそ、現在は楽しい。現在は幸せな時間である」と感じて過ごしていくべきなのです。

「終わり良ければ、全て良し」という言葉があります。終わりになって初めてこれに気づくのではなく、現在、頑張っている今、これに気づいてほしいのです。

自分の夢を実現するために、今の時間を使っているということを実感できれば、そこに幸せを見出すことができます。目の前にある一瞬一瞬、この一瞬一瞬に、自分は、自分が思い描く理想の自分に、一歩一歩着実に近づいている。これを実感できれば、膨大な知識の習得でも、難解なテキストの読解でも、そこに楽しさを感じることができます。

今過ごしている時間を、単に結果のためだけのものと考えるのではなく、幸せを感じ

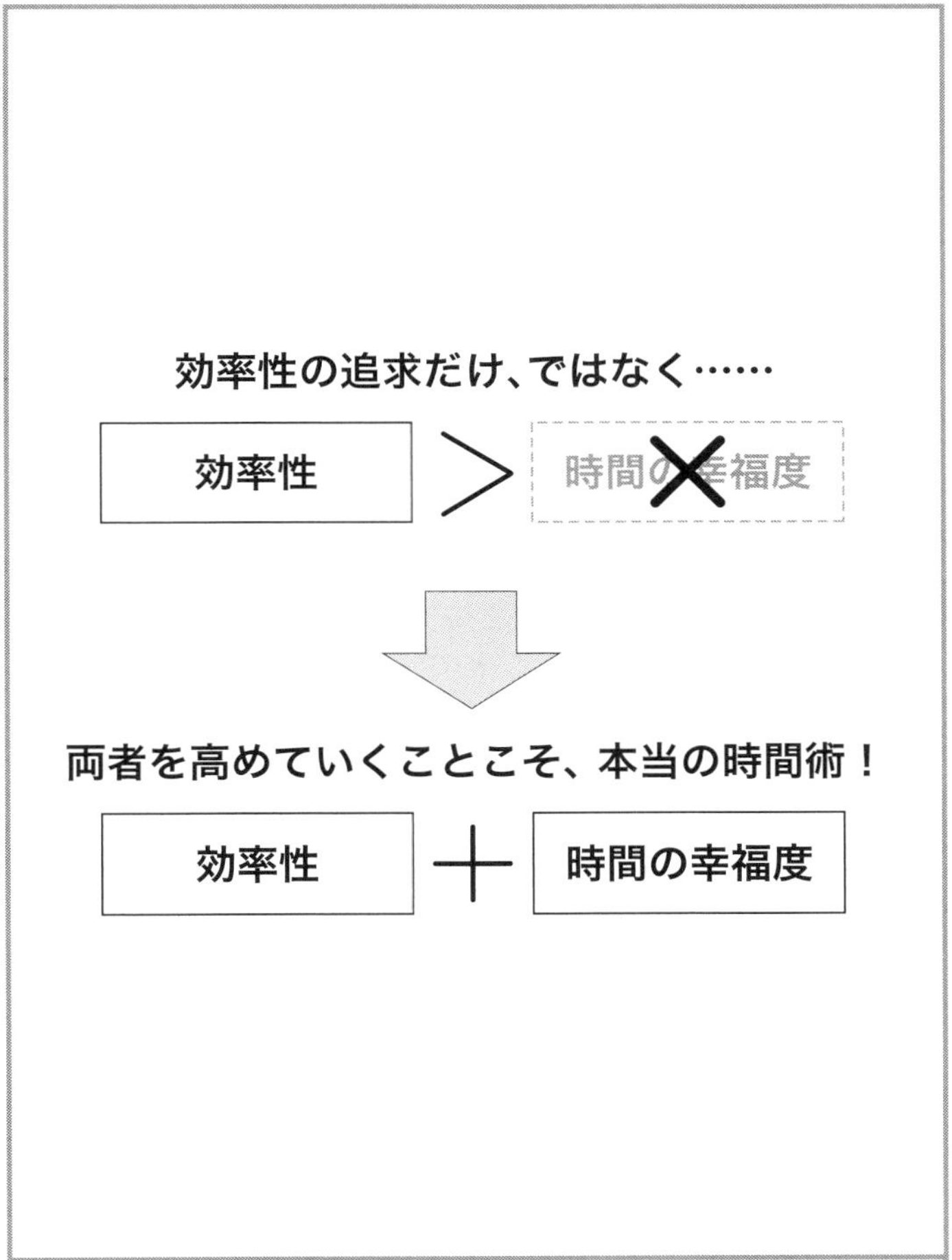
効率性の追求だけ、ではなく……
効率性
時間の幸福度
両者を高めていくことこそ、本当の時間術！
効率性
時間の幸福度

時間の価値を考える

ながら過ごす。どうしたら効率よく成果を上げていくことができるかだけでなく、どうしたらその瞬間を楽しく過ごしていくことができるかを考えていく。これこそが、本当の意味での「時間術」ではないでしょうか。

時間術② 合格日を先に書いておく

時間の幸福度についてお話ししましたが、かく言う私も最初からこのようなことに気づいていたわけではありません。私自身も「今は大変だけれども将来は楽になる」とか「今頑張れば、次はきっといいことがある」「先の幸せのために今を犠牲にして我慢する」という考え方でずっと過ごしてきました。

そして、大きな転機となったのが1回目の司法試験に失敗したときでした。

振り返ってみると1回目の司法試験に失敗したときの生活は、スケジュールに予備日も休日も組み込まず、それどころか几帳面な性格のために、分刻みでやるべき内容をビッシリと書き込んだ一切余裕のないものでした。このときは、ただ合格を目指すだけで、何のために合格するのかも意識せず、常に時間に追われる毎日でした。

そこで、2回目の挑戦のときには、1回目の反省を踏まえ、スケジュールの立て方から工夫をすることによって、時間に対する考え方も大きく変わりました。結果的に、合格ももちろんですが、当時の生活は住み込みで夜警のアルバイトをしながら1日20時間近く勉強をするという大変な日々でしたが、どんなにきつくても、目標に向かっていることを実感でき、充実していると感じられる毎日を過ごすことができました。

何が私をこうも大きく変えたのでしょうか。

その1つが、ゴール、つまり、「合格」の日を年間のスケジュールに記入することでした。

「合格発表」と記入するのではなく、「合格」と記入したのです。

自分のスケジュールなのですから、その日は「自分の合格日」として記入すべきです。

このように「自分の合格日」を記入することによって、毎日毎日が合格に一歩一歩近づいていくことを実感できるようになります。

もちろん、1年近くかけて達成していく目標であれば、やはりその目標と現在の位置を比較できるように、年間スケジュールは準備すべきです。

そもそも計画というのは、自分が何を目指し、どこに向かって今を生きているのかを明確にするために立てるものです。試験に合格することにしても、事業で成功することにしても、何事にもあてはまることですが、1つの到達点としてゴールを意識して、そこに行くまでの過程を自分の目に見えるようにすることに、計画を立てることの意味があります。

計画とは、自分の将来の夢や理想の実現に、現在の自分が一歩一歩近づいていることを実感できるように可視化するための道具と言い換えてもよいでしょう。

より可視化を進めるために、自分のゴールする姿をできるだけ具体化していくとよいでしょう。例えば、行政書士の試験で言えば「合格」という言葉を一歩進めて、「行政書士試験300点満点中200点を取って合格」という具合です。そして、これをさらに「そのために、行政法ではXX点取る」という具合に細分化していくのです。このようにゴールする自分の姿をより具体的にイメージしていき、これを受けて、より詳細な内容を、現実的な目の前のスケジュールに分解し、あてはめていきましょう。

そして、年間スケジュールから月間スケジュール、月間スケジュールから週間スケジュールへと作成していくことによって、目標達成に限りなく近いスケジュールを作ることができるはずです。

合格日を書いて合格をイメージする

時間術③　必須項目！　休日と予備日

計画を立てるときに忘れてはいけないのは、あらかじめ休日と予備日を設けておくことです。

1年近い時間をかけて実力を養っていくような資格試験の場合、全く休みなく勉強をし続けることは不可能です。

無理をして、休みなく勉強を続けようとしても、せいぜい数か月で燃え尽きてしまいます。もちろん、それでは良い結果を残すことはできません。継続して自分を成長させることが大切なわけですから、所々で休日を設定し、しっかりと心と体を休ませ、英気を養うようにしてください。休むこともまた、目標を達成していくために必要なものであると考えましょう。

そして、休日とともに予備日を設けることも大切です。

計画はうまく立てられたものの、実行段階で遅延してしまうという経験があると思います。計画を実行する段階で、それを妨げることが起こってしまうのが原因のほとんどでしょう。

例えば、今週はこの仕事をやろうと思っていたのに、体調を崩し、休まざるを得なかった。あるいは、上司から別の仕事を急に入れられてしまい断ることができなかったとか、部下がトラブルを起こしてしまい、その処理をしなければならなかった。このようなことは別に珍しいことでもないと思いますが、これらは計画を立てる段階では想像できなかったものでしょう。

たとえ近い将来のことであっても、何が起こるかは誰にもわかりません。

しかし、こういった経験を通して、「何かが起こるかもしれない」という予想はできるはずです。

勉強においても、あらかじめ、何かが起こり、計画が遅延するかもしれないということを想定しておくのです。

そこで、計画を立てる段階から、遅延が生じた場合にも対応できるようにするために、あらかじめ予備日を設けておきましょう。1週間のうちに予備日を設けられないのであれば、2週間に1日でも良い。いずれにせよ、月間計画レベルでは数日間の予備日を作っておきましょう。

なお、予備日と休日は別物として設定してください。そうしなければ、計画が遅延したときに休日に勉強をせざるを得ず、結局、休みを取ることができなくなってしまうからです。

また、予備日と休日は楽をするために設定するわけではありません。計画を立てるときには、絶対クリアできるような楽な計画を立てるのではなく、「ちょっと大変かな」と感じるくらいの計画にすべきでしょう。実行することができないような厳しい計画では、最初のうちは頑張れたとしても途中で息切れしてしまいますが、少し負荷をかけるくらいであれば、むしろ活力が生み出されるので、少しきつめの計画にしておくと良いでしょう。

これまで計画について、合格日を記入することと休日・予備日を設けることについて話してきましたが、私自身、2回目の司法試験では、これらの工夫をすることで、結果的に、心に余裕を持つことができるとともに、常にゴールする自分と今の自分を連動させることができるようになり、合格することができました。

日	月	火	水	木	金	土
					1 講　義	2 復　習
3 休　日	4 演　習	5 民　法	6 復　習	7 インプット	8 講　義	9 復　習
10 予備日	11 演　習	12 民　法	13 復　習	14 インプット	15 講　義	16 復　習
17 休　日	18 演　習	19 民　法	20 復　習	21 インプット	22 講　義	23 復　習
24 予備日	25 演　習	26 民　法	27 復　習	28 インプット	29 講　義	30 復　習
31 休　日						

月間スケジュールに予備日と休日を入れておく

時間術④　10分スケジュール

「社会人だと勉強時間がなかなか取れない」という悩みを聞くことがあります。

確かに朝から夕方まで働き、ときに仕事の付き合いで夜が遅くなることもあるのが普通でしょう。学生の頃のように満足いくような時間が取れないと思うのは当然かもしれません。「学生の頃にもっと勉強をしておけば良かった」というようなグチとも冗談とも思えるような話は珍しくありません。

社会人をはじめとする忙しい人は、勉強時間に対して少し意識を変えていく必要があるかもしれません。

一般的に、勉強時間というと1時間、2時間という長くまとまった時間、机に向かって勉強することを想像すると思います。これまでに学校や塾等でそのような勉強をしてきたのですから、こういうイメージを持つことは仕方がありません。しかし、勉強時間というのは、何も長時間まとまったものでなければならないわけでもなく、机に向かっていなければならないわけでもありません。

1日の生活をよく見てみると、10分、20分という程度で余った時間は結構あるものです。

例えば、自宅と会社の通勤時間、仕事と仕事の合間の休憩時間や移動時間、人と待ち合わせをするときの待合せ時間等です。

「本当か」「そんなことないだろう」と思われるのであれば、一度10分単位で1週間の生活を記録してみると良いと思います。1週間で記録すると、相当な時間が余っていることがわかるはずです。

そこで、これらの細切れの時間を勉強にあてるようにしましょう。

もちろん、長時間机に向かって勉強できるに越したことはないのですが、細切れの時間も大切にしていってほしいと思います。

通勤時間を勉強にあてるということは、通勤をしながら勉強をすることを意味しています。このような視点で見ると、実は「ながら勉強」をできる時間は他にもあります。例えば、料理をしながら講義のCDを聴くとか、子どもの宿題を見ながら自分も記憶カードを読む等、意外とできることは多いのです。

勉強に専念できる時間に別のことをするというのは本末転倒ですが、他のことをしなければならないときに勉強をしてはいけないわけでもありません。

こうして、少しでも多く勉強時間を確保していくことが大切です。

コラム

「ながら」という言葉について触れたので、もう1つ「ながら」について話しておきましょう。

それは、勉強以外でも「ながら」でできるものはあるということです。

例えば、テレビを見ながら新聞を読むとか、お風呂に入りながら歯を磨く等、すでに意識をせずに行っているものもあるのではないでしょうか。

こういう視点から、今まで別々にやってきたことを「ながら」でできないかなと工夫してみるのも良いでしょう。

というのも、このように「ながら」をすることで、新しい可処分時間、勉強時間を作り出すことができるからです。

可処分時間、勉強時間を作り出すために、①そもそもやらなくていいことはやらない、②短縮できることは短縮する、③ながらでできるものはながらでやる、ということを心掛けていくと良いでしょう。

時間術⑤ 寝る前から今日が始まる

勉強時間の確保をするとともに何を勉強するかにも意識を回していかなければいけません。

勉強と一言で言っても、テキストを読む、講義を聴く、問題を解く、カードを覚える等、様々です。

例えば、食後の勉強は、胃に血液がいくことから眠くなりやすく、集中力が下がりやすいので、手を動かす作業を伴うことをしたほうが良いですし、通勤電車の中も集中しづらいことからテキストを読むよりも、問題を解いたほうが良いでしょう。

つまり、いつどこで何を勉強すべきかを考えていかなければなりません。

そこで、意外なように思われるかもしれませんが、1日の勉強計画は、前日の寝る前に立てておくと良いのです。

朝の忙しい時間に、今日1日はどのような可処分時間があって何をしようと考えることは大変ですし、忘れ物もしやすくなってしまいます。せっかく勉強にあてる時間ができたのに勉強道具がない等というのは、もったいない話です。

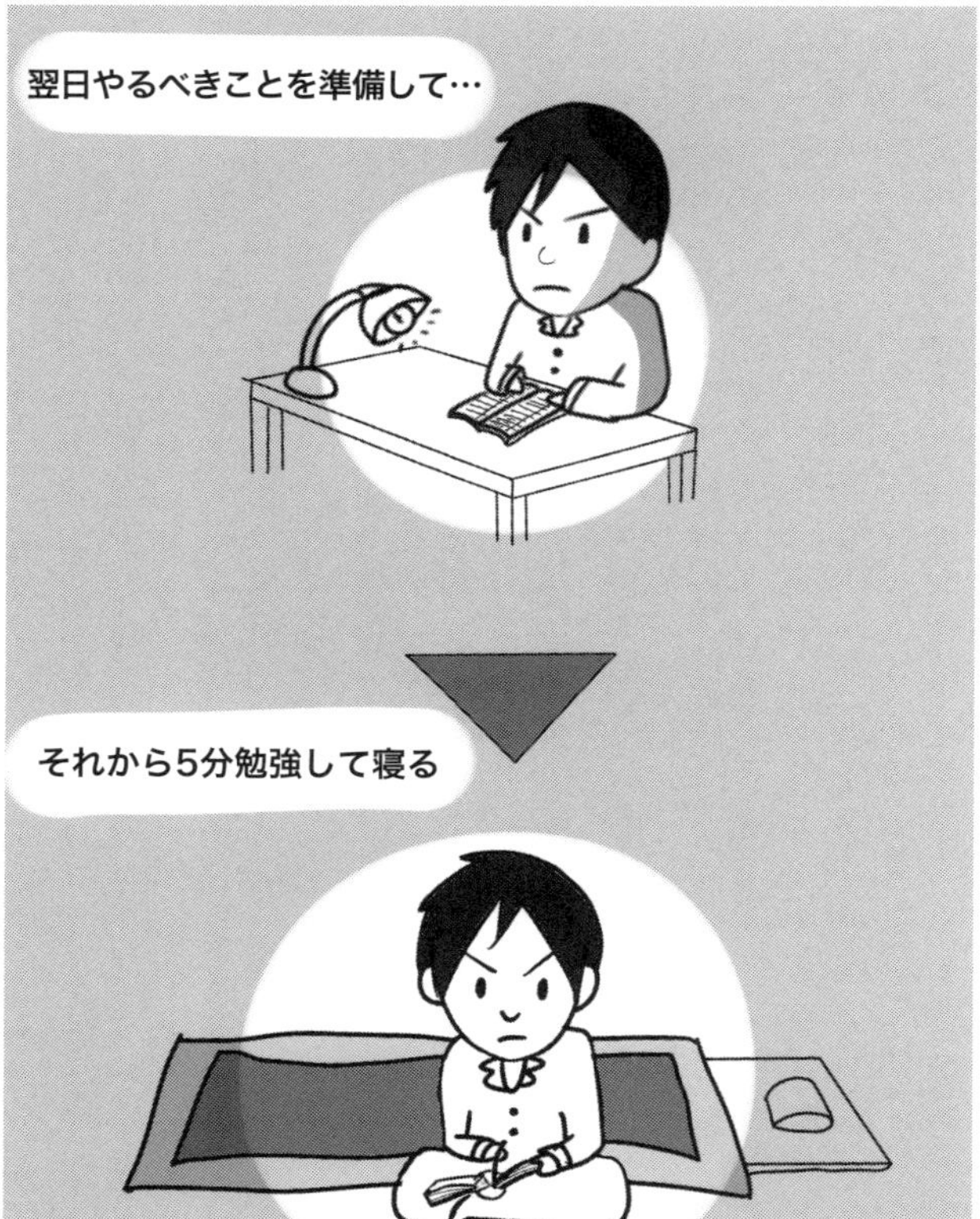
翌日やるべきことを準備して…
それから5分勉強して寝る

寝る前を有効に使う

ですから、前日の寝る前に今日やることを用意しておく。寝る前から今日という日が始まると考えるのです。

すでに述べましたが、寝る前の時間は記憶にとってもゴールデンタイムです。寝る前には、翌日の計画を立て、やるべきものを準備し、最後に、5分間だけ記憶の定着をしてから寝る。そして、翌朝、まず寝る前にやったことを見直してから、朝の活動に入るというリズムを作っていくと、とても良いでしょう。

時間術⑥ 「勉強しないと気持ち悪い」状態

あなたが当たり前のように毎日行っているものは何でしょうか。

例えば、食後の歯磨きや帰宅後のうがい等は、ほとんど誰でも行っているでしょう。朝起きて朝食の準備をしながらテレビのニュースを見る人もいると思います。

これらを継続することは苦ではなく、むしろ、やらない日があるとそのほうが気持ち悪く、やらないと気分が乗らないということもあるのではないでしょうか。

他方で、続けることの困難さは、三日坊主という言葉があることからしても、実感されていると思います。

継続ができるものとできないものの大きな違いは、どこにあるのでしょうか。

この違いは、習慣にあります。

すでに習慣になっているものは毎日持続できますが、そうではないものを継続していくことは困難です。

毎日持続させるためには、まずはその対象を習慣化するように心掛けていくといいでしょう。勉強にしても、それ自体を自分の生活のリズムであると脳に錯覚させるのです。

伊藤塾で学んだ塾生の中には、試験の合格直後、挨拶に来てくれたときに、「もう勉強をしなくてもいいんだけど、気持ち悪いです。何か勉強をしたい」と話す人が毎年何人もいます。すでに勉強が習慣化しているために、勉強をしない生活に違和感を覚えるようになっているのです。

そこで、勉強を習慣化する方法ですが、これについては、毎日、同じ環境で同じことをやり続けていくとよいでしょう。

例えば、電車に乗っているときは一問一答の問題集を解く、寝る前には記憶カードを見る、歩いているときには携帯音楽プレーヤーで講義を聴く……というように続け、自分の生活習慣の中に勉強をうまく入れ込んでしまうのです。

もちろん、習慣化するまでは面倒くさいと感じることもあるでしょう。ここは、「習慣化してしまえば面倒くさいと感じなくなるんだ。それまでちょっと頑張るだけ」と思って続けてみましょう。

目標を達成できたときには自分にご褒美をあげてみるというのもよいでしょう。例えば、通勤電車で一問一答の問題集を解くと決める。予定していた問題数をクリアできたら、自宅への帰り道、コンビニエンスストアで好きなスイーツを1つ買って帰る。こういった感じで、自分にご褒美をあげる。そうすると、このご褒美とともに、通勤電車で一問一答の問題集を解くという勉強が習慣となりやすいのです。

自分が大変だなと思うものだけを習慣化するのではなく、それとともに楽しいものをセットにすることで、習慣化できる可能性は大きく高まります。

また、頑張るときには、無理をしない程度に頑張るのも続けるコツです。

無理をしすぎてしまうと疲れ果ててしまい、その日は何とかできたとしても、その後、続けていくことは難しいでしょう。だからといって、その日のノルマをこなさずに、あ

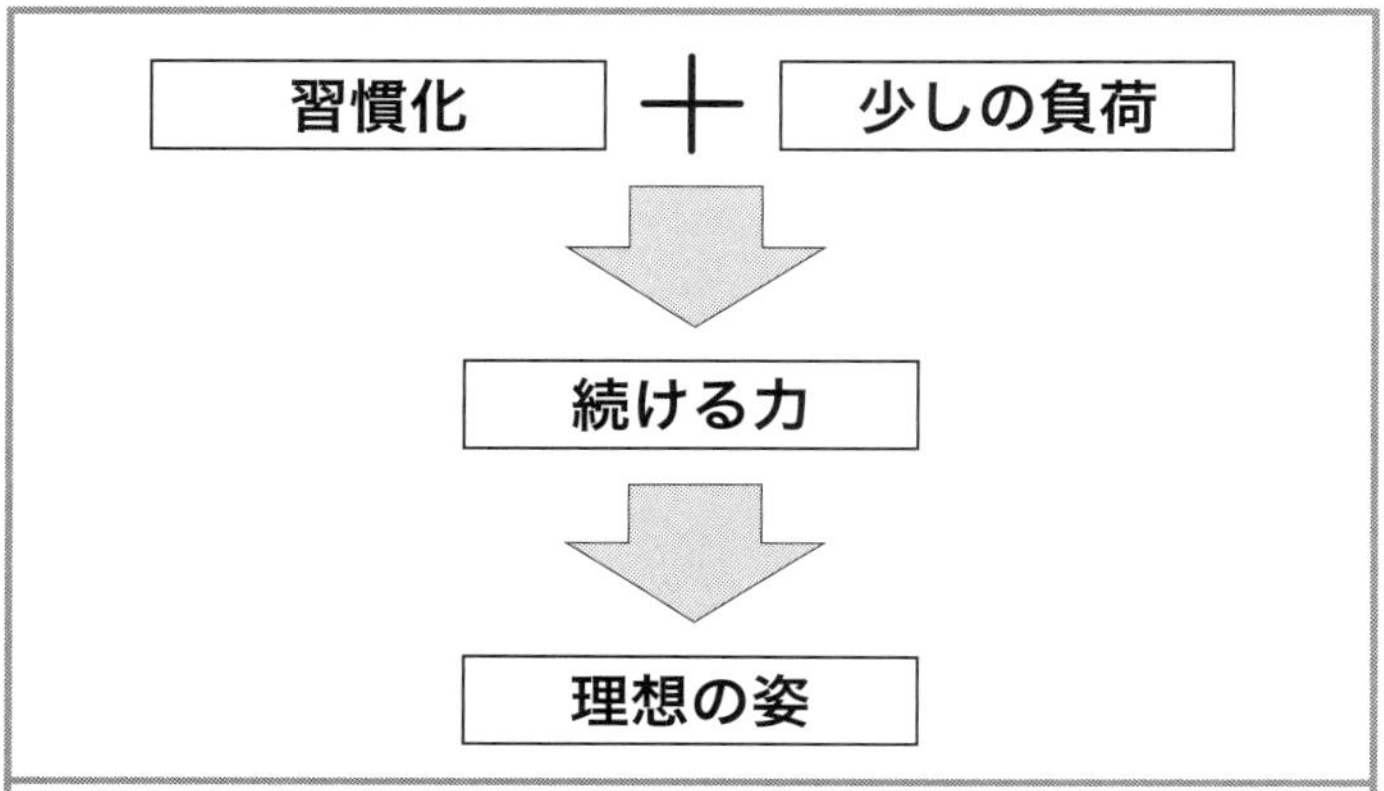

習慣化と少しの負荷が自分を変える

きらめて寝てしまっても、続けることはできません。

そこで、無理をしない程度に、少しだけ頑張るのです。

塾生にも「もうダメだと思ってから、5分頑張れ」という話をよくします。例えば演習問題を解く際に、自分が限界だと思ってからさらに1時間問題を解き続ける、となると相当精神力を使います。これでは疲れがたまり、結局続けられません。ですから、少しだけ負荷をかけるように言うのです。

あと5分考えよう、あと3問解こう、あと1駅分だけ頑張ろうと続けていくうちに、徐々に粘り癖がついてきます。そして、この粘り癖が、次の少しの負荷に耐える力をつけていくのです。

一気に自分を変えることはなかなかできません。日々の少しずつの負荷が気づいたときには大きな変化を起こします。自分の描く理想の姿になるためには、目に見えないような少しずつの変化の積み重ねが必要なのです。

時間術⑦ 後悔しないために断る勇気

突然ですが、恋人とのデートを思い浮かべてください。時間があっという間に過ぎていき、別れるときに何か寂しさを感じたり、別れた後に電話で話をしていたら、気づいたら長電話になっていた……ということがあるでしょう。その時間は、精一杯、相手に向き合い、楽しんでいたから、このような感覚になるのです。

また、試験の本番当日、日常生活では感じられないくらい時間の経過を早く感じた経験があると思います。これも、他のことを考えずに、その試験に必死に向き合い、制限時間内で合格するためにより高得点を取るべく、集中していたからです。

一方で、勉強や仕事をしなければならないときに、友達からの誘いがあったことを想像してください。誘いを断ることができずに、遊びに行っても、「今日の分の勉強をしないといけないのに」とか「残っている仕事をどうしようかな」と考えてしまい、友達との会話も楽しむことができず、時間を気にしてしまったり、後になって「やっぱり断っておくべきだった」と後悔してしまうようなことがあるかと思います。

どうしたら恋人とのデートのような充実した時間を過ごすことができるのか、それは、明確な目的意識を持つことです。

その時間を過ごすときに、「相手と精一杯向き合う」とか「制限時間内で合格点を獲得する」という明確な目的意識を持っているからこそ、集中でき、その時間の経過がとても早く感じる。他方で、明確な目的意識を持たずに、他のことを気にかけているからこそ、集中もできず、時間が経過した後にも嫌な感覚が残ってしまうのだと思います。

ですから、集中力を高めるためには、まずは「明確な目的意識」を持ってその時間にあたることです。いろいろとやらなければならないことはあるでしょうが、それぞれについて「この時間はこれをやる時間」と決めましょう。

集中力について、具体的に考えてみます。

「脳の仕事量＝回転数×時間」と考えると、この回転数が集中力にあたります。

脳の仕事量＝回転数（集中力）×時間

回転数（集中力）＝脳の仕事量÷時間

∴仕事量と時間を明確にしなければ、
回転数（集中力）は上がらない。

また、仕事量を上げることにより、回転数（集中力）は上がる。
時間を短くすることによっても、回転数（集中力）は上がる。

集中力の考え方

回転数を高めるためには、仕事量と時間を明確にして、時間はできるだけ短くする、あるいは仕事量を増やしていく必要があります。

例えば、仕事量として問題を20問解くとしましょう。このとき、時間に制約をかけなければ、集中力は上がりません。「今日中に解ければいいや」と考えてしまうと、机に向かっている時間はダラダラと長くても、他のことを考えてしまったり、席を立ったり座ったりとなってしまいます。

また、時間を明確にして、「今から2時間テキストを読もう」と設定したとしましょう。この場合も、2時間で何ページ読むか、仕事量を明確にしていませんから、結局、ダラダラと読んでしまい、ページは進まないし、場合によっては読み終わったときに何が書かれていたか、ちっとも思い出すことができないという事態が生じてしまいます。

だからこそ、仕事量と時間を明確にするとともに、時間にはできるだけ制約をかけていく、あるいは仕事量を増やしていく設定をしなければならないのです。

日々の勉強をするときも、意識的に時間の制約を設けましょう。30分で問題を10問解くとか、2時間でテキストを50ページ読み理解する、等と決めてから、勉強に臨むべきです。もちろん、このときには「少しだけ負荷」をかけていくべきでしょう。こうすることで、より一層、目的意識が明確になり、集中力が高まります。

なお、このようにしていくためには、事前に勉強計画をしっかり立てておかなければならないことは言うまでもありません。

時間術⑧　メンテナンスとオールリセット

計画を立てて実行をしようと始めてみたものの、なかなか計画どおりにいかない。徐々にやらなければならないものがたまっていってしまい、遅延が著しくなり、計画倒れで終わってしまう……という経験をしたこともあるでしょう。

「計画なんて立ててもどうせ実行できないから、もう計画は立てない」という思いまで持ってしまっているかもしれません。

そもそも計画は、立てることからして難しいものです。計画を立てることができたということは、1つの目標に近づこうとする向上心を持って、自分なりにゴールまでの道のりを一度は見つけることができた、ということです。ですから、仮に実行を伴わなかったとしても、「自分はダメだ」と思うことは間違いです。

そもそも人生は全てが計画どおりにいくわけではなく、むしろ計画どおりにいかないことのほうが多いものです。それゆえ予測不能な面白さがあるのかもしれません。何度か計画どおりにいかなかったからといって、そこでくじけてはいけません。自分の理想とする姿になるためには、一歩一歩着実に進むことが大事です。計画を立て一歩進んだ。その計画は結局、実行を伴わなかったが、次の計画を立てたからまた一歩進めた、というように考えていけばよいのです。

何度倒れてもまた立ち上がればいいのです。大切なことは、立ち上がることです。

向上心を持って、計画を立て続けていくことです。あきらめずに立て続けていくことで、現在の自分は少しずつ理想の自分に近づいていっているのです。

計画を立て学習することについて、私は3つの難しさがあると考えています。

①計画を立てることの難しさ、②計画を実行し続けていくことの難しさ、③計画が遅延してしまった場合のキャッチアップの難しさです。

このうち、①計画を立てることの難しさ、②計画を実行し続けていくことの難しさについてはすでに述べてきましたから、ここで③計画が遅延してしまった場合のキャッチアップの難しさについて、その解決のための方法をお話しします。

計画が遅延し続け、やらなければならないものが積もりに積もってしまい、結局、気づいたときには計画は倒れてしまう。これを解消するには、積もりに積もった状態を回避することです。

積もりに積もった状態になったときに初めて、「さて、どうしよう」と思い、「もうどうにも手の施しようがない」からその計画をあきらめる、というのはよくあることです。このように、後になってから「どうしよう」と考えるのではなく、数か月に一度といった具合に定期的に計画を見直すチェックポイント、定期検査の日を設定しておくのです。

この定期検査の日には、自分の現状とゴールまでの道筋を改めて確認します。多少の遅れがある場合、もう一度優先順位を付け直します。そのうえで、ここまで多少なりとも頑張ってきた自分を励ましてあげましょう。伊藤塾では講師や合格者スタッフが塾生のスケジューリングを一緒に見直し、塾生を励ましています。これと同じことを自分で自分に行うのです。自分の中に「アドバイザーの自分」を作り、これに講師や合格者スタッフの役割を担わせるのです。自分を客観視することも大切ですが、それとともに自分を励ましてあげることも忘れずにやりましょう。

計画の見直しをするときに、優先順位を付け直すと言いましたが、ときには切り捨てる勇気が必要になります。

とかく受験生は隅から隅まで全ての勉強をやらないと不安になってしまうものですが、全てをやらなければ資格試験に合格できないわけではありません。また、重要なところであればあるほど、その勉強は、繰り返される。つまり、将来、まだ何度も勉強し直す機会があるのです。

ですから、ある分野について勉強をしてきたが、まだ途中で消化しきれていない、しかし、次の分野の勉強に差しかからなければならない時期が来たとします。このときには、思い切って途中までの勉強を切り捨て、次の分野の勉強に入っていきましょう。

このように次の分野から新たなスタートをきり直すことを、私は「オールリセット」

とよく言っています。まさにリセットボタンを押すように、新しい分野を一から勉強し直していきましょう。

「残ってしまったものは、また次の繰り返しのときにやればいい。もし次やる機会がなかったとしても、それは重要じゃないから繰り返さなかっただけ、気にする必要もない」というように大らかな気持ちでいればよいのです。

これまでの経験上、日頃から計画が遅れ気味で計画倒れになりやすいと思っている人は、この定期検査の日を最初はできれば1か月に一度くらいの短いサイクルで設定しておくとよいでしょう。期間が短ければ短いほど、その遅れの量が少なくて済むからです。そして、定期検査のたびに自分の遅れの程度を見ながら、徐々に、1か月半に一度、2か月に一度、3か月に一度と間隔を開けていきましょう。

勉強に限らず、どんなことをするにしても、いっぺんに自分の理想になることはできません。自分の理想には堅実に一歩一歩近づいていくのです。

資格試験の勉強は、単に自分の学力を上げるためだけでなく、その過程を通して、人格的にも成長していく機会になります。試験勉強を通して、理想の自分に少しずつ近づいていくのだと意識しながら勉強してほしいと思います。

今からだとBが最優先だね。
今回は忙しかったけど、
よくこの程度の遅れで済んだね。
引き続き頑張ろう！
スケジュール
アドバイザーとしての
もう一人の自分
自 分

定期検査の日

5 勉強法3「自己管理術」

自己管理術① ベトナム料理のフルコース

勉強にせよ、仕事にせよ、何をするにしてもそれを成功させるために必要なのは「能力×気力×方法論」です。能力に個々人で多少の違いはあれ、不十分なところは方法論でいくらでもカバーできます。

一方で、気力に関して言えば、どんなに精神力が強く根気があったとしても、受験勉強には様々な壁が立ちふさがるため、途中で萎えてしまわないようセルフコントロールできる力を身につけると、圧倒的に有利になります。

精神力を強化するというよりも、自分のモチベーションが下がらないようにするためにセルフコントロールする力を身につけましょう。モチベーションは、一般的に、勉強を始めた頃は希望や意欲が高く、徐々に下がってしまいます。そこで、ある程度下がってしまうのはやむを得ないこととして、長く勉強を続けていくために、いかにその下降の程度を少なくするかを工夫するとよいでしょう。

モチベーションの下降の程度を少なくする1つの方法は、やはり合格後を考えることです。合格後を意識して現在の勉強に意義づけをすることによって、現在の時間の幸福度を高めてください。

例えば、合格後の自分がやりたいことを50項目挙げ、これをノートに書き起こすのも有効です。

どんなに小さくて、どんなに個人的な欲求で、人に言えないようなことでも構いません。例えば、「渋谷のベトナム料理店でお腹いっぱい食べる」とか、「スイスの登山鉄道に乗ってきれいな山を見たい」といったことで構いません。何でもいい、自分のやりたいこと（もちろんこれは実現可能性のあるものでなければいけないでしょうが）を挙げた「夢ノート」を用意するのです。

そして、モチベーションが下がりそうなときに、この「夢ノート」を読み返してみる。そうすると、自分が書いたことがおかしくも、また楽しくも思え、「そういえば、自分はこういうことをやりたくて、今勉強をしてるんだよな」と再確認できて、「もうちょっと頑張ってみるか！」と大きな励みになるものです。

「夢ノート」に加えて「元気ノート」も作ってみると有効です。

この「元気ノート」は、自分が感銘を受けて、聴いて活力が湧いてきたような、有名人が言っていた言葉や、漫画やドラマ、映画のセリフを書き留めたものです。

小説を読んだり、映画を観たりしていると、「良いこと言ってるな」とか「これは名言だな」等と思える言葉に出会えることは少なくありません。そういった言葉をいつでも確認できるよう、ノートに書き留めておくのです。

私は、学生時代、こういう自分を鼓舞する言葉をたくさん紙に書き出して机の前に貼って勉強をしていました。大人になってから職場の机に貼るのは、周囲の視線もあってなかなかできないかもしれませんが、コッソリ机の中に忍ばせておき、落ち込んでいるとき等に読み返してみると、それだけで随分と気分が変わってくるものです。

さらに、特に試験直前期等、特別な時期に差し掛かってくると、勉強の成果を残した

「成果ノート」がモチベーションの低下を防ぎます。これは、自分がここまで勉強してきた成果です。例えば、覚えるために何度もキーワードを書いたノートや、問題を解く際に使用したノートを取っておくのです。また、テキストや六法全書等の書籍も、何度も読み、書き込みをしていると、その部分が徐々に汚れてきますが、これらを見ると、自分がここまで努力してきたことを実感できます。過去の学習計画表等も、自分がここまで何時間も勉強をしてきたことが見て取れて、「こんなに勉強をしてきたのだから大丈夫」と勇気が湧いてきます。

受験生の実力は勉強量に比例して伸びるのではなく、ある時期まではなかなか正答を選べないのですが、それでも頑張ってコツコツやっていると、一気に成績が伸びる時期が来ます。

この一気に成績が伸びる直前の時期が、一番苦しく感じるのです。それは、コツコツやってきたつもりなのに自分の成績が伸びていないから、そのように思えるのです。まさに、実力が上がるすぐ目の前が、合格する実力になるすぐ手前が、一番苦しいのです。そのときにこういった成果物を見て、「こんなに苦しいということは合格のすぐ手前まで来ているということだ。頑張ってきたんだから、そろそろ結果が出る頃だろう。あと

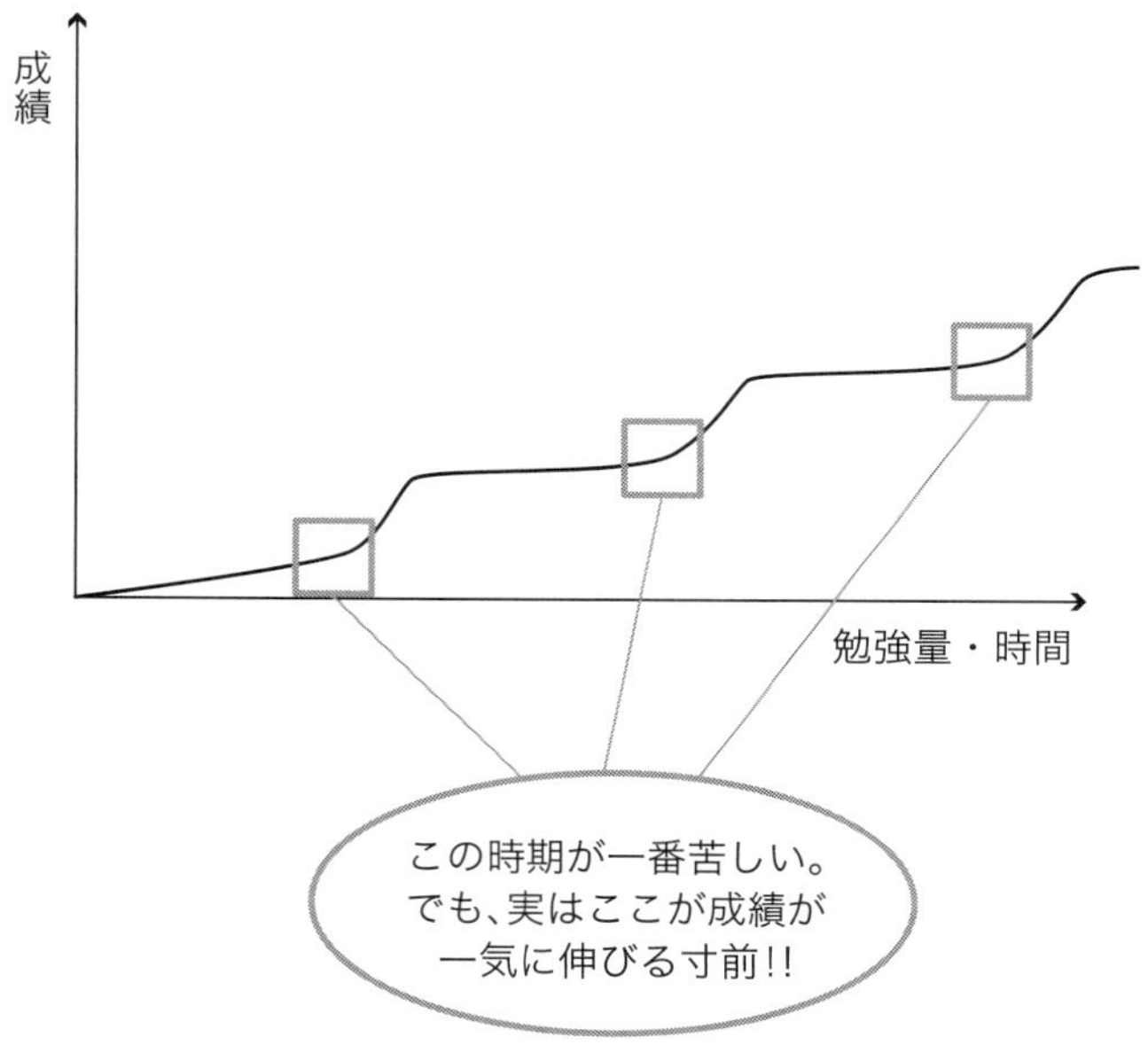
成績
勉強量・時間
この時期が一番苦しい。
でも、実はここが成績が
一気に伸びる寸前!!

苦しいのは合格に近づいているから

少し頑張っていこう」と自分を鼓舞してあげましょう。

その他にも、やる気が上がるような本やCD、DVD等も、モチベーション維持には有効です。また、焼肉やチョコレート等の元気になれると思う食べ物や、コーヒー等の気分転換を図れる飲み物も、「これを食べたから元気になれるぞ」「これを飲んだからさてもう一踏ん張り」といった具合に気分を上げていくのに良い効果があります。実際の効用ももちろんあるのでしょうが、それ以上に、こういった気分になれる、言ってみれば自己暗示のようなものでしょうが、これらを積極的に取り入れていくのもよいでしょう。

自己管理術② 肉体が弱ると精神も弱る

モチベーションの低下やそれに伴うスランプの多くは、肉体的疲労に原因があるものです。ついつい頑張ってしまう人ほど、自分の疲労の蓄積に気づかず、あるいは気づいていても精神力で乗り越えようとしてしまいます。風邪等の病気であるにもかかわらず、無理をしすぎてしまいます。

短期決戦であれば、精神力だけで乗り越えられるかもしれませんが、多くの資格試験の受験勉強は年単位で行うものなので、到底、精神力だけで肉体的疲労や病気を乗り越えられるものではありません。肉体的疲労を放置しておくと、徐々にモチベーションが下がる、焦りでイライラしてしまう等、メンタル面に影響を及ぼします。

体調管理は、受験生活を送っていくうえでの必須項目です。疲れや病気をひきずったまま頑張るよりも、むしろ、これらを癒したうえで再スタートをきったほうが、長期的には多くの量の勉強をすることができます。ですから、体調が悪いときはちゃんと休みをとり、場合によっては病院で診察を受けましょう。

私が体調を管理するうえでポイントにしているのは、①睡眠、②食事、③ストレスの3項目です。この3項目のうち、2つに問題がなければ、何とかなるものですが、逆に2つ以上に問題があると、これはかなりきつくなります。ですから、3項目のうち、少なくとも2つは問題がないように、例えば、睡眠不足のときは食事をしっかりとってストレスをためないように心掛ける等、2つ以上にならないように普段から気を配っています。是非、参考にしてみてください。

肉体と精神には密接な関係がありますから、モチベーションを維持し、スランプに陥らないためにも、良好な健康状態を保つことは大切なことです。

自己管理術③　スランプは努力と成長の証

心身の健康状態の維持を図っていても、ときにスランプに陥ってしまうことはあるでしょう。

スランプに陥ること自体は、それほどネガティブに捉える必要はありません。そもそもスランプとは、「勉強をしているはずなのになかなか成績が伸びない」、「勉強をしていてもなかなか捗らない」というような、自分の努力に見合っただけの成果が得られないと感じるときに起こるものです。

言い換えれば、スランプは、努力をしている人間にしか生じない状態ですから、努力をしてきた証とも言えます。ですから、スランプに陥ったときは、「それだけ頑張ってきた証。一人前になった証」だと評価してあげればいいのです。

また、スランプは、いわば障害や壁にぶち当たってしまった状態ですが、そもそも、その人の前に現れる壁は、その人が乗り越えようと努力すれば乗り越えることができるだけの高さしかないと思います。

ですから、その壁は必ず乗り越えることができます。そして、壁を乗り越えようと努力する行為がその人を鍛え、新しい次元へと成長させるのだと思います。

あなたがこれまで見たことのないような高さの壁にぶつかってしまったとき、まず感じてほしいのは、「これまで見たことがないというのは以前の自分の前には現れなかったということであり、これが今の自分の目の前に現れたということは、（自分自身では気づかなかったけど）それだけ自分が人間的に成長した証拠なのだ」ということです。そして、そのうえで「この壁も必ず乗り越えられる、乗り越える方法がある。そして、乗り越えたとき新しい次元に自分は到達する」と考え、果敢にチャレンジしてください。

スランプに限らず、人生に現れる様々な壁は、その人の成長に合わせて、至るところに現れてくるはずです。そのたびに、乗り越え、そこで得た教訓や自信はその後の人生において必ず大きな糧となります。

結局、スランプは、努力、成長の証であるとともに、新たな成長のための機会なのです。ですから、「現れたらどうしよう」と恐れる必要はなく、むしろ、喜んで良い事象と認識しておいてください。

このように考えると、スランプというものに対してネガティブな印象を持たなくて済むはずです。

ネガティブな感情は、壁を実際以上に高く見せますから、ネガティブに捉えなくなるだけで、随分とスランプを乗り越えることが楽になります。

では、スランプに陥ったとき、実際どのように壁を乗り越えていけばいいのでしょうか。

まず見直すべきは、自分が設定した目標が本当に適切であるのかです。始める前は良くも悪くも勉強する対象について詳しくありませんから、現実を知らずに無理な手の届かない目標設定をしてしまっていることがあります。

これでは手が届かないのは当たり前です。そこで、もう一度、目標を見直し、それは少し頑張れば手に届く範囲にあるものであるかを確認し、そうでないのならば、修正をしてください。

次に、その壁の高さを考えるときに、もっと客観的、相対的に捉えるようにしましょう。たいてい、スランプに陥っている人は、その目の前の壁のこと、自分のことしか見えておらず、そのためになんて自分は悲劇的な状況にいるのだろうと思ってしまいます。

そこで、空間的に自分を客観的に見てみてください。例えば、地球儀や世界地図で自分の居場所を確かめてみる。そうすると、自分よりもずっと大変な場所、それこそ毎日生きるか死ぬかで悩んでいるようなところに住んでいる人もいることに気づきます。そこで、こうした人々の悩みと今の自分の悩みを比べてみると、自分の悩みなどは取るに足りないものだと感じるはずです。生きるどころか、勉強もできるような本当に恵まれた環境にいながら、成績がちょっと伸びないくらいで何がスランプだ、何が悩みだというように感じることができるはずです。

また、スランプでいる期間は、苦しく本当に長く辛く感じるものです。でも、ここで時間的に客観的に、相対的に考えてみる。今のこの悩んでいる時間は、人間の一生の中でどれくらいの割合を占めるものなのか、人類の歴史の中で、地球の歴史の中で、どれくらいの割合を占めるものなのかと。このように考えてみると、実は長く感じるこの時間も、本当に取るに足りない一瞬にすぎないとわかります。

このように客観的に、あるいは相対的に考えてみれば、実は乗り越えることが不可能なくらい高く感じたスランプも実はどうってことのないちっぽけなものに見えてくるはずです。

こうして、その壁を低く、低くしてしまうのです。そうすれば、乗り越えることは不可能でなく、立ち向かっていく勇気が出てきます。

自己管理術④ ストレスの原因は、たいしたことない

さあ、それでは、いよいよ壁の乗り越えにかかってみましょう。

ストレスは、何も勉強だけに生じるわけではありません。仕事にしても、家庭にしても、あるいは友人等との人間関係にしても、ストレスの原因になります。

日々、様々なことに人は不安を抱え、悩んでいるように思えます。そして、このようなときは視野が狭くなりがちですから、これらが積み重なると「もうダメだ」とスランプに陥ってしまいます。

これは塾生にもよく話すのですが、まずは自分を客観視すべく、「頭の中のもやもやしているものを、いったん全部紙に書き出して可視化」してみるとよいでしょう。

自分が何をストレスに感じ、何を不安に思っているのか、それを全部紙に書き出してみるのです。そして、それらを一つひとつ見ながら、どうしてストレスを感じるのか、なぜ不安なのかを考え、本当にストレスに感じるべき、不安になるべきことなのかどうかを考えていくのです。これらの考える過程も全て紙に書きながらやってみると、感情

的な部分を抑えながら、論理的に不安や悩みに向き合っていくことができます。

例えば、「週末に急に出張に行くことになった。だから、勉強ができず、計画を実行できない」というストレスを感じている場合を考えてみましょう。

まず、これをそのまま紙に書き出します。

次に、なぜ「勉強ができず、計画を実行できない」ことをストレスに感じているのかを考え、「このようなことでは合格ができない」と書き出します。ここで、「合格できないかもしれない」という不安が自分のストレスの要因になっていることがわかります。

そして、「本当に今回の出張によって合格ができないのか」を考えます。「出張がなければ何をどれだけ勉強できたのか」、「その勉強は他の機会にできないのか、これから先、する機会はあるのか、ないのか」と自分に問いかけるのです。

さらに、「その他の機会にやるだけでは足りないのか、今回の1回が足りないだけで本当にいけないことなのか」を考えます。また、この他の機会がないようであれば「その勉強をしなければ、本当に合格ができないのか。他の部分で得点をすれば、それを落としても合格できるのではないか」と、とにかく客観的な視点で、論理的に書き出していくのです。

急な出張で勉強が進まない
↓
予定どおりにいかない
↓
合格できないかも
↓
しかし、本当に急な仕事が原因か？
↓
他の機会がないのか？
↓

ストレスを書き出すと、たいしたことないと気づく

このように考えていくと、結局、ストレスの原因になっていた大半のものは、自分の頭の中で勝手に作り出していた虚構であり、その虚構をもとに不安感や恐怖心を持っていたことがわかります。

そして、最後には「今回の出張をもって、合格できなくなるわけではない」と気づきます。出張自体も集中して臨むことができ、また勉強にしても、前向きにもっと効率的にやっていこうという気持ちになれます。

人が様々なことに不安を抱え、思い悩んでいることの大半は実は現実ではなく、虚構をもとにしたものであり、これらは客観的、論理的な思考をもって、排除してしまえばいいのです。

一方で、現実に根拠のあるストレスも存在します。この場合は、自分ではどうしようもできないやむを得ないものなのですから、自分の責任と考えなければよいのです。そもそも全ての責任が自分にあると思い悩むのは、思い上がりです。世の中、自分の力ではどうにもできないことも存在するわけですから、これをもって自分を否定する必要はありません。

実際、本当に正しいと思うことを一生懸命やっている人ほど、「人事を尽くして天命を待つ」という境地に至るものです。また、たいていこういった思いになれたときの結果は良いものです。ですから、沖縄の言葉で言うところの「なんくるないさー（なんとかなるさ）」という気持ちでいればよいのです。

自己管理術⑤　失敗と成功は等価値

1科目が苦手だからといって全科目が苦手なわけではありません。1年で合格できなかったからといって来年も合格できないわけではありません。それなのに、「自分にはこの試験は向いてない」とか「自分は何をやってもダメだ」と思い込んでストレスをためてしまう受験生もいますが、これこそ妄想にすぎません。1つの弱点や過ちで全てが決まるわけではありません。むしろ、全体からその部分を見るべきです。苦手な科目は試験全体からしてどれだけの価値があるのか、1回の失敗が人生全体からしてどれだけの重みがあるのか、それを糧により一層充実した人生を送ることができるのではないか。こんな、ちょっとした勇気を出せば、不安や恐怖には立ち向かっていくことができます。自分には勇気がないと思っていても、このように客観的、論理的な思考を持ち、一つひとつの不安や恐怖を解消していけば、勇気も一緒についてきます。

これまで数えられないくらいの受験生を見守ってきましたが、これは本当に実感することです。

たとえ、不合格を繰り返しても、最終的に合格を果たし、その後、自分の思い描いたような法律家となって活躍をしている人は大勢います。彼ら、彼女らにとって、合格したときに振り返ると、不合格であった年が決して無駄であったわけではなく、むしろその年の経験があったからこそ合格ができたという話は合格祝賀会等でよく聴きます。また、法律家になり、活躍している塾生と久しぶりに話すと「残念であった年の様々な思いがあったからこそ、今の自分がある。もし簡単に合格をしていたら、今のような自分にはなっていなかったと思う」というようなこともよく聞きます。

また、合格できなくても、自分の受験生活時代の様々な経験を糧にして、社会のために素晴らしい活躍をしている人はいくらでもいます。

その瞬間瞬間は耐え難い経験のように思えても、その経験を糧にして大きく成長を遂げると、そのときになって、「あの耐え難い経験があったから今の自分があるのだ」と気づき、それを許すことができるようになるのでしょう。

一方で、簡単に試験に合格してしまったがために、自分の力を過信し、傲慢になり果て、周囲からも見放され、とても活躍していると思えない人もいます。過去の栄光だけにしがみつき、現在の自分を否定したくないがために、無意識的に自分と異なる者を否定し、その栄光を細々と食いつないでいくような人もいます。

こういった人を見ると、果たしてその人にとって、「あの合格、成功は正しかったんだろうか」と疑問に思うことすらあります。

結局、合格と不合格という結果は、あくまでも人生の通過点にすぎないのです。人生を考えてみたとき、資格試験の合否に限らず、大学受験、就職、転職、昇進等、多くの節目、転機は訪れますが、これらは全てそれだけで自己完結するものではなく、持続可能な人生の中での通過点にすぎません。

ですから、大切なことはそれら通過点をその後の人生にどう活かすことができるかにかかってくるのです。

確かに、多くの節目で自分の希望しない結果になるかもしれません。ですが、辛い、悲しいという感情は、時間が解決してくれます。徐々に薄まっていくものなのです。一生、辛いわけではありません。悲しいわけではありません。

辛いとき、悲しいときは、自分で抱えきれないのであれば、周りに助けを求めればよ

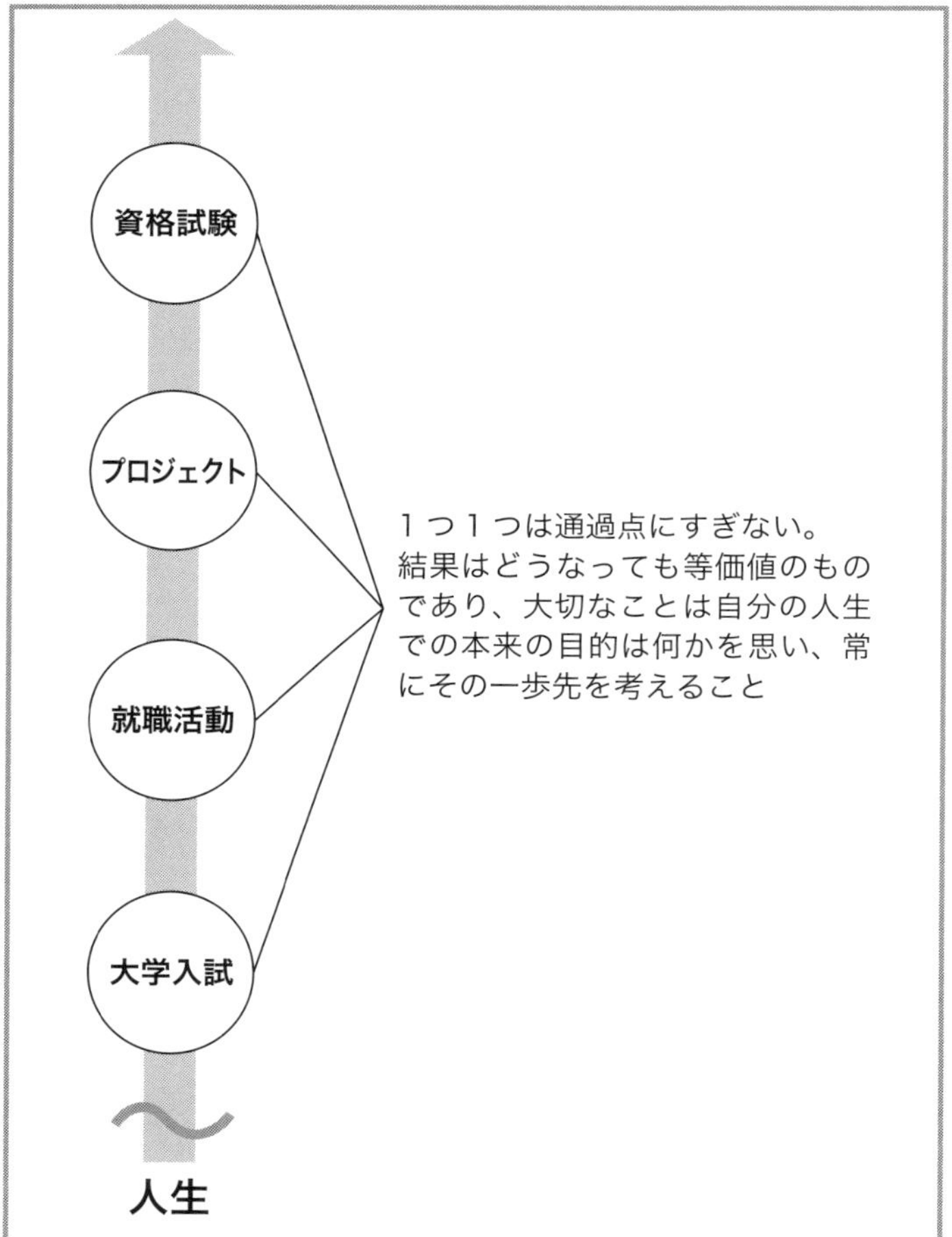
資格試験
プロジェクト
就職活動
大学入試
人生
１つ１つは通過点にすぎない。
結果はどうなっても等価値のものであり、大切なことは自分の人生での本来の目的は何かを思い、常にその一歩先を考えること

通過点をその後の人生にどう活かすか、が重要

いのです。話を聴いてくれる家族や友人、先生、先輩、同僚等がいるはずです。そもそも私たち人間は、お互いに支え合いながら生きています。支え合っているという実感を持てなかったとしても、あなたのその存在だけでも生きる支えになっている人間はいるのです。支え合わないことが不可能な世の中なのですから、「お互い様」です。辛いとき、悲しいときだけ、支え合いを拒絶する必要はありません。ここで話を聴いてもらったあなたが少しでもその思いを軽減できたならば、あなたが今度はその経験を活かして、辛い思いをしている誰かの話を聴いてあげることができるでしょう。

また、希望したとおりの結果であったとしても、それを自己完結させてはいけません。自己完結させてしまえば、人生という時間は継続しているのに、あなたの成長はそこで止まってしまいます。周囲の人間が成長していく中で、一人取り残され、周りとかみ合わずに、徐々に離されていきます。

通過点に立っているときに、嬉しいとか、悲しいという感情を持つことは大切なことだと思いますが、それとともに、人生は続いているのですから、その次を、一歩先を考えることです。大学に入学できた、嬉しい、で終わるのではなく、では大学で何をするのかを考えること、就職できた、嬉しい、で終わるのではなく、仕事を始めてどのような社会人を目指していくのかを考えていくことです。

人生というのは、多くの節目を乗り越えながらも持続可能であるというところに一番の価値があります。人生を前にしてみれば、合格だの不合格だのという節目は、そこで感じる感情は異なれども、あくまでも価値的には等しいものです。

どのような通過点に立っているときも、常に一歩先を考え、自分の人生での本来の大きな目的は何かを明確にしていきましょう。こうすることによって、その通過点やその後の過程に自由度が広がります。

「自分の周囲に苦しんでいた人がいて、そういった人たちの力に少しでもなりたい」と思い、法律家となることを目指した。結果的に、資格試験には合格することができなかった。でも、それで終わりじゃない。本当に合格して法律家になる方法しか、そういった人たちの力にはなれないのだろうか。法律家という選択はあくまでも自分の目的のための1つの手段にすぎないのではないか。NPO等の支援団体に参加したり、場合によってはそれらを自ら率先して創り、力にはなれないだろうか。このように考えていくのです。

このように考えていけば、受験勉強時代に得た知識や思考力はその後の人生に活かしていくこともできますし、楽に生きていくこともできます。

私たちは、生き続ける、命があるということにとてつもない価値を持っており、幸せなことなのだということを、しっかりと自覚し、「何のために」という目的意識を持って生きていきましょう。

自己管理術⑥　ピンチは自分に課された役割を知るチャンス

勉強を続ける中で、どうしようもないくらい高い壁が目の前に現れることもあるでしょう。さすがにこれ以上はダメだとあきらめたくなるような壁です。いわゆるピンチという状況です。

しかし、忘れないでほしいのが、壁は将来の糧を得る試練の場であるということです。そして、壁は乗り越えられるものであるということです。目の前の壁があきらめたくなるような高さであるということ、それはまさに自分が大きく成長することができる試練であるということなのです。

大きく成長することができるチャンスがあるのだからこそ、それを乗り越えるために必死に向き合っていきましょう。人は、追い込まれるほど必死になれるものですし、そういうときだからこそ、普段は見過ごしがちな、自分が本当にやるべきことは何かを知ることができるのです。

自分が本当にやるべきことは何か。そこで出した答えは、自分の原理原則に戻り、真剣に考えたものです。場合によっては、これまで思い描いてきた自分と異なる自分が見えてくることもあるでしょう。ただ、そこで気づくのです。これが自分に課された役割であると。

ピンチは自分に課された役割を知る、あるいは再確認する大きなチャンスなのです。自分の頭の中に深く深くダイブして、その中心にある、一粒の光り輝く宝石を見つけ出すようなイメージです。つまり、自分が今ここで生きている意義、課された使命、を見つけ出すことができる。ピンチが大きな壁だからこそ、本来の自分に戻ることができ、そしてまた、これまで思いもしなかったような新しい可能性や選択肢を知ることもできるのです。

自己管理術⑦　ありのままの自分を受け入れる

こうして様々なことについてお話ししてきましたが、今の自分の姿と照らし合わせてみて、随分と自分が足りないな、弱いなと思われているかもしれません。そもそも、そう思ってしまう自分自身が悲観的だなとまで感じている人もいることでしょう。

ネガティブとポジティブのどちらがいいかと言われれば、もちろんポジティブのほうがスランプも乗り越えやすいですし、楽に生きていくことができますから、良いでしょう。

とはいえ、もともと悲観的な考えをしやすい人が、ポジティブに物事を考えることができるように切り替えられるようになれるのかと言えば、それほど簡単なことではありません。

しかし、できないことではありません。

これも結局、少しずつ少しずつですが、悲観的にならずに自分で壁を乗り越えていく術を身につけることができます。

私自身、今でこそポジティブ思考ですが、もともとの性格は、後ろ向きで、細かいことを気にしたり、失敗を悔やんだり、周りからの評価を気にしたりと、かなり悲観的な人間でした。

それでも、少しずつ、考え方を変えていきました。気に障るようなことを言われるたびに、「この言葉は、自分のことを悪く言っているのではない。まだまだ自分は未熟な人間なんだと気づかせてくれた、自分にとって価値のある言葉なんだ」と考え、さらに、「どんなに嫌な人でも、まだ自分が成長過程にあることを教えてくれる師なのだ」という理屈で考える訓練を繰り返しました。

様々な場面に遭遇し悲観的になりそうになるたびに、それこそ何度も何度も、もう一人の自分を設定し、悲観的になってグズグズしている自分に対して「こいつはこんな些細なことで、まだグズグズ思っている」「たいしたことないのに、気にしすぎだ」と笑い飛ばさせるように心掛け、自分を客観視しようとしてきました。最終的に10年の歳月をかけて、ようやく今のようなポジティブ思考を本心からできるようになりました。

人は誰しも、変わろうと思えば変わることができます。自分の理想とした姿に近づくことができます。ただ、それは急にできるものではありません。時間をかけ、少しずつ少しずつ、一歩一歩足元を固めながら、進んでいくものです。

そしてその一歩を踏み出すために、まずやるべきであることが、ありのままの自分を受け入れることです。自分で自分を好きになってあげることです。

どんな立派な人でも、完璧な人はいません。いくつもの弱点や克服すべき課題があって当然です。ですから、そういった弱点等を抱えている自分をまず受け入れてあげてください。他人に評価されないと自分の価値を理解できない人がいますが、それでは自分がかわいそうではありませんか。「誰と付き合うべきか？」を選択するとき、他人の評価だけで決めたりはしないでしょう。他人の評価に影響されることはあっても、最終的にその人と付き合うか否かは自分が決めています。それと同じことです。そして、自分の場合は、「自分と付き合う・付き合わない」という選択は不可能です。だからこそ、まず自分が自分を評価し、好きになってあげてください。

そのうえで、多少の失敗をしてしまったときは、「まあ、しょうがない。今の自分はこの程度なのだから。でも、一日一日理想に近づいている。だから、いつかは何とかなるだろう」と大きな気持ちを持つようにすればよいのです。ここから始めていきましょう。

自己管理術⑧　不自由が人間を自由にする

もっと勉強時間が取れればよいのに、もっとお金に余裕があれば受験指導校の講座を取れるのに、あるいは、住んでいる場所の近くに受験指導校があれば通学できるのにと思う人もいることでしょう。

受験勉強に限らず、人は、それぞれ能力や環境、時間、お金といった様々な不満や制約の中で生きています。

それでは、仮に一切の制約がない状態を考えてみると、果たしていかがでしょうか。満ち足りた環境で生活をし、時間にも一切制約がなく、お金の心配も全くいらないような状況で、しかも記憶力はバツグン！　一見うらやましいですよね。どんなに難しい資格試験でも、簡単に合格できてしまいそうです。

とはいえ、もしそのような人生を歩んでいたとしたら、本当に資格試験を受けようとしたでしょうか。何かの目標を持ったでしょうか。

今、現在、あなたがこの本を手に取り、読み進めてきたのはどうしてでしょう。

それは、勉強法を身につけたい、法律家になりたい、より人生を充実させたい、これまでの生き方を変えたい、能力の高いビジネスパーソンになりたい等々、何かを得たい、変えたいと考えたからではないですか。

なぜそのように考えたのかといえば、それは全てあなたの過去に基づいているのです。

つまり、これまでの人生が現在のあなたの姿を作ったのです。これまでの人生が制約だらけだったからこそ、いまだ多くの制約を感じつつも、より価値のある生き方をしたいと望むのです。

そもそも一切の制約がなければ、忙しく働きながら勉強しようだとか、法律系資格を受験しようとは、考えないのではないでしょうか。価値のある生き方とか、人生を充実させたい等、思いもしないのではないでしょうか。

こうして考えてみると、スランプもピンチもそうでしたが、それらに至らない様々な小さな制約も、それがあるからこそ、人間は成長できるのではないでしょうか。人間は様々な制約があって、初めて磨かれるし、高められていくのです。「不自由が人を自由にする」と言ってもいいでしょう。

時間がないからこそ、時間の価値を知り、最大限に活かすべく様々な技術を用いる。お金に限りがあるからこそ、その価値を知り、有効に活用しようと考えるといった具合に、私たちは、日々、様々な制約の中で、その制約によって成長を続けているのです。

以前に全盲の塾生を教えたという話をしました。彼は、自分にどんな可能性があるかと調べていくうちに、全盲で弁護士になった人が2人いることを知ったそうです。自分にできることは何かと懸命に探し、視覚に頼れなくても、聴覚を活かせば、司法試験を通過して弁護士になることもできるのだと考え、その選択をしました。現在、彼は弁護士として生き生きと仕事をしています。不自由だからこそ、可能性を広げて自由に生きることができる。そのことを彼は実証してくれたと思います。

「もし余裕があったら……」「仮にこの制約が無ければ……」と考え、そうでない状態、つまり余裕が無く制約のある現状に不満を抱くのではなく、まず現状を受け入れることです。すでに起こってしまった事実を変えることはできません。現実の環境もまた、そう気安く変えることはできないでしょう。

たとえ、自分の周りが変えることのできないものばかりであっても、これからの生き方次第で、それらが有する価値はいくらでも変えることができます。

どのような状況にあったとしても、自分の人生の目的を考え、一歩一歩前に進んでいけば、いくらでも自分の描く未来を切り開いていくことは可能です。いかなる制約があろうとも、それらはあなたの限界ではなく、すべて、あなたの成長の糧にできるものなのです。

第3部

人々の生活を守る新たな道

1

「法的思考力」を武器にする

法律の知識は役立つのか？

行政書士試験に限らず、法律系の資格試験での受験勉強・合格で得られるものは専門的な職業に就くことだけではありません。

そもそも行政書士試験をお薦めする理由は、行政書士になってほしいということだけではなく、「法的思考力」を身につけ、それぞれのフィールドで、社会に貢献する真のエリートとなってほしいということでした。

これまでの復習も含め、行政書士試験の受験勉強をすることにより、どのようなことが得られるか、お話ししたいと思います。

まず憲法、行政法、民法、商法等の一定の知識を得ます。こうした法律的な知識のみならず、試験科目にある政治・経済・社会についても学ぶため、市民としてのリテラシーを高めることも可能になります。

憲法や政治で学んだ知識は、そのまま市民として行政や政治家を監視する力となり、誤った権力的な作用に対して、論理的に反論することができます。

また、日常生活でも外国人と接する機会が増えてきていると思いますが、憲法で人権を学ぶことによって、自分も外国人も同じように人間であり、基本的人権を享有しているという感覚を磨くことができます。人権に対する意識を高めていくことは、国際化が進む社会でコミュニケーションを取っていくうえでも、必要な能力といえます。

なぜ女性は16歳で結婚できるのか？

日常生活においては、民法の知識は大いに役立ちます。

男性は18歳で、女性は16歳で結婚することができることはご存知だと思います。では、なぜこの年齢なのかといえば、これは民法に規定されているからなのです。民法は私たちの生活を規律する最も基本となる法律ですから、常識に近い知識までが実は民法で規定されているのです。

民法を知らないと、ビジネスで思わぬ不利益を被ることもあります。例えば、不動産の売買契約をする場合、登記というものが重要になります。「登記」という言葉については知っている人も多いと思いますが、登記が不動産の売主の名義になっていたとしても、買主は不動産を取得できない可能性があります。真の権利者が実は別の人であった場合に、そのようなことが起こり得ます。買主の立場に立てば、とんでもないと思う話かもしれませんが、真の権利者の立場で改めて考えてみると、それもそうかと思われるのではないでしょうか。民法は、単に取引の安全を図るだけでなく、権利者の保護も考えていてこのバランスをとっていますから、このような結果になることもあるのです。

民法をしっかりと学んでいれば、このような事例でも、登記を漫然と信じるだけでなく、売主の物件かどうかを確認するという意識を持て、トラブルに巻き込まれる可能性は減るでしょう。

トラブルを回避できる知識がつく

不動産取引にかかわらず、世の中には、知っていることによってトラブルを回避できることが多分にあります。社会を規律しているものが法律である以上、法律を知ってい

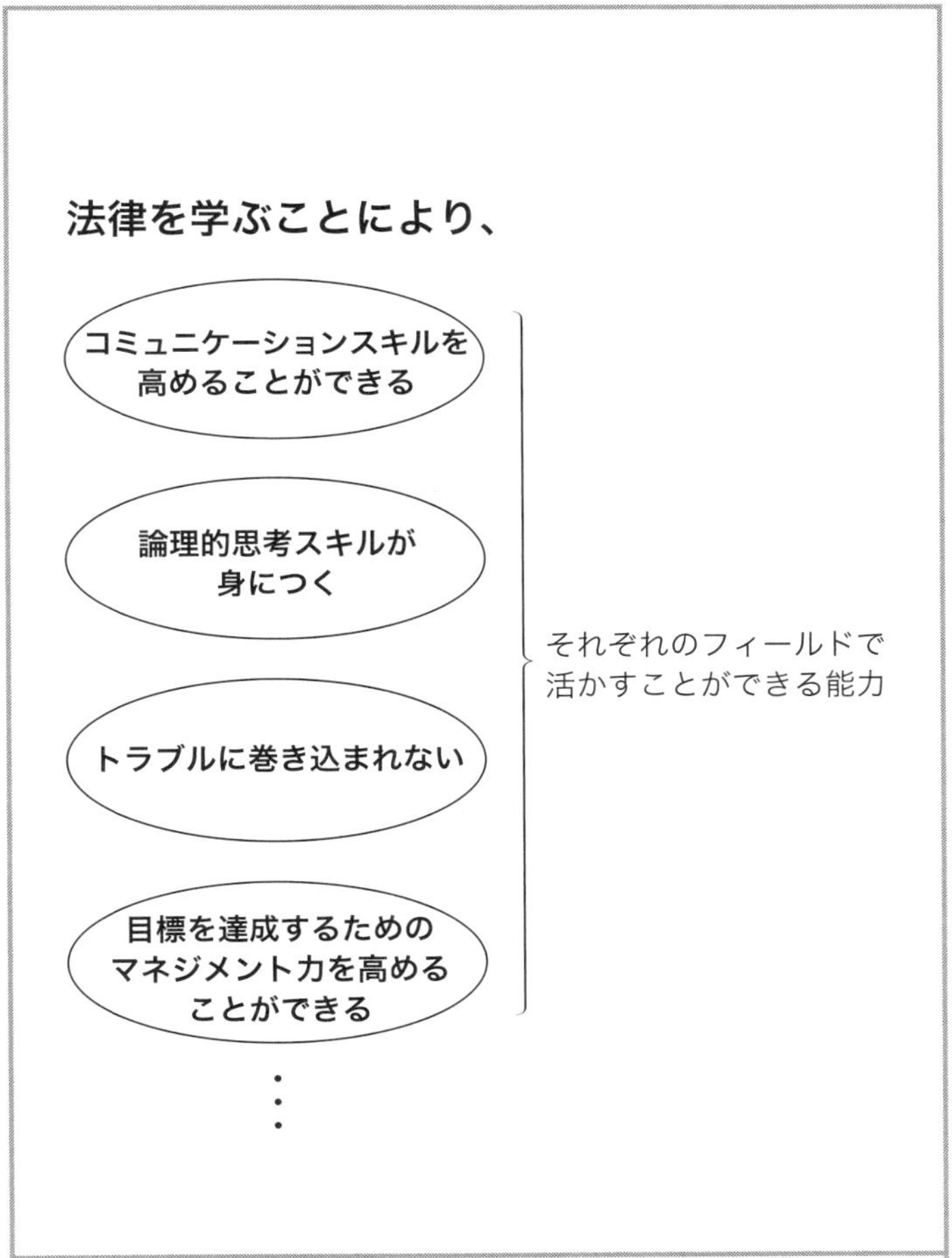
法律を学ぶことにより、
コミュニケーションスキルを高めることができる
論理的思考スキルが身につく
トラブルに巻き込まれない
目標を達成するためのマネジメント力を高めることができる
それぞれのフィールドで活かすことができる能力

法律を学ぶことで得られる能力の例

ることにより、多くのトラブルを回避することができるのです。

行政書士試験科目である会社法や労働法、個人情報保護法等の知識は、どのようなビジネスであれ、日々の業務を円滑に進めていくうえで大いに役立つことでしょう。法律知識は、自分が属するそれぞれの社会において活かすことができるとともに、これらの知識を勉強する過程で、習得スキル、論理的思考スキル、コミュニケーションスキルが磨かれていきます。これらのスキルは、日常生活の様々なことを円滑にしていくのはもちろんのこと、ビジネスの世界で相手を説得したり、新しいものを学んでいくような場面で役に立ちます。

もちろん、受験勉強過程で得た様々な技術、考え方は、その後の人生でも大いに活かされ、あなたの人生をより豊かなものとしてくれることでしょう。

行政書士試験に合格した伊藤塾の塾生の中にも、行政書士になるばかりでなく、就職や転職においても強力な武器になったという人を毎年見ています。また、将来の独立開業を見据えつつ、現在の業務に活かしている人もおられます。

2

「法的思考力」を活かした行政書士という仕事

行政側の不手際から護る

第1部で、法律家は基本的人権を擁護することを業務の中心に据えているという話をしました。

行政書士を話題にして、もう少し具体的にお話をしていきたいと思います。

私たちが暮らす日本には多くの職種がありますが、それらは、やりたいと思った人が自由に起業できるのではなく、許可や免許等を受けなければならない仕組みになっています。

これを当たり前と感じているかもしれません。しかし、許可や免許を受けなければ、その職種のその業務を始められないことは、本当に当たり前のことなのでしょうか。

憲法22条1項は「何人も、公共の福祉に反しない限り、居住、移転及び職業選択の自由を有する」と規定しています。つまり、私たちには職業選択の自由があり、これは憲法によって保障されています。やりたい職業があるならば、自由にできるのが本来の姿なのです。

もちろん、職業の性質によっては、やりたいからといって自由な参入を許してしまうと、他者の権利や身体、生命等に危険を及ぼしてしまうものも存在します。例えば、何の知識も技術も持たない人が外科医になりたいから外科医になりました、ということを想像してみてください。ゾッとすると思います。同様に、行政書士をはじめとする各種の法律家も皆、知識や資格がないのに、なりたいからなりました、となったら大変です。

職業選択の自由は、基本的人権とはいえ一切制約されないものではなく、他者の権利、自由と衝突する場面においては一定の範囲で制約され得るのです。これを憲法では「公共の福祉」と表現します。

許可や免許を必要としたのも、この「公共の福祉」によるのです。

本来であれば、職業選択の自由の名のとおり、自分のやりたい職業を自由にできるところを、その多くの自由を制約し、許可や免許を必要としているのが現在の社会なのです。

そうすると、もし仮に、許可や免許を与える行政側が、正当な理由もなく、許可や免許を与えなかったとしたらどうなるのでしょうか。

ここで活躍するのが、やりたい仕事、なろうとしている職業がある依頼者の基本的人権を擁護する行政書士という法律家です。

依頼者は、そのやろうとしている仕事についての技能に長けているとしても、その職業を規制する数々の法律知識を持っているわけではありません。ですので、依頼者が独力で許可や免許の申請をしたときに、行政側が誤った対応をとったとしても、それに対して対抗することができないでしょう。

そこで、行政書士が、依頼者に代わって申請を行うことにより、もし行政側に不手際があったとしても、法律に基づいて修正させることが可能になるのです。

紛争を未然に防ぐ行政書士

このように行政書士は、行政手続過程においては、依頼者の基本的人権を擁護する役割を担った法律家なのです。なお、行政手続は、職業に関する許可や免許だけに限った話ではありません。例えば、出入国や帰化に関連する国際業務も行政手続の一環です。また、行政書士の仕事は行政手続にとどまらず、例えば、相続や契約等の民事分野においても、活躍が期待されています。

行政書士の行う民事分野の業務を「予防法務」と呼ぶことがあります。法律的なトラブルが発生してしまった場合に、その解決に携わることができる法律家は弁護士ですが、行政書士はトラブルの発生を未然に防ぐ法律家なのです。

そもそも法律的なトラブルとはどういうものかというと、ある事実をめぐって当事者の主張に食い違いがある、というイメージを想定すればわかりやすいと思います。いわゆる「言った」「言わない」の世界です。

(なお、このとき、トラブルが発展して民事訴訟が起こされれば、裁判所は原告、被告が提出した証拠に基づいて、どちらの主張が正しいのか事実認定を行います)

では、このような「言った」「言わない」という状況を招かないようにするためにはどうすればよいか。その予防方法が、契約書等です。

意外なように感じられると思いますが、民法の世界では、原則として契約書の作成は契約が成立するための要件とはされていません。契約書が無くても契約は成立するので

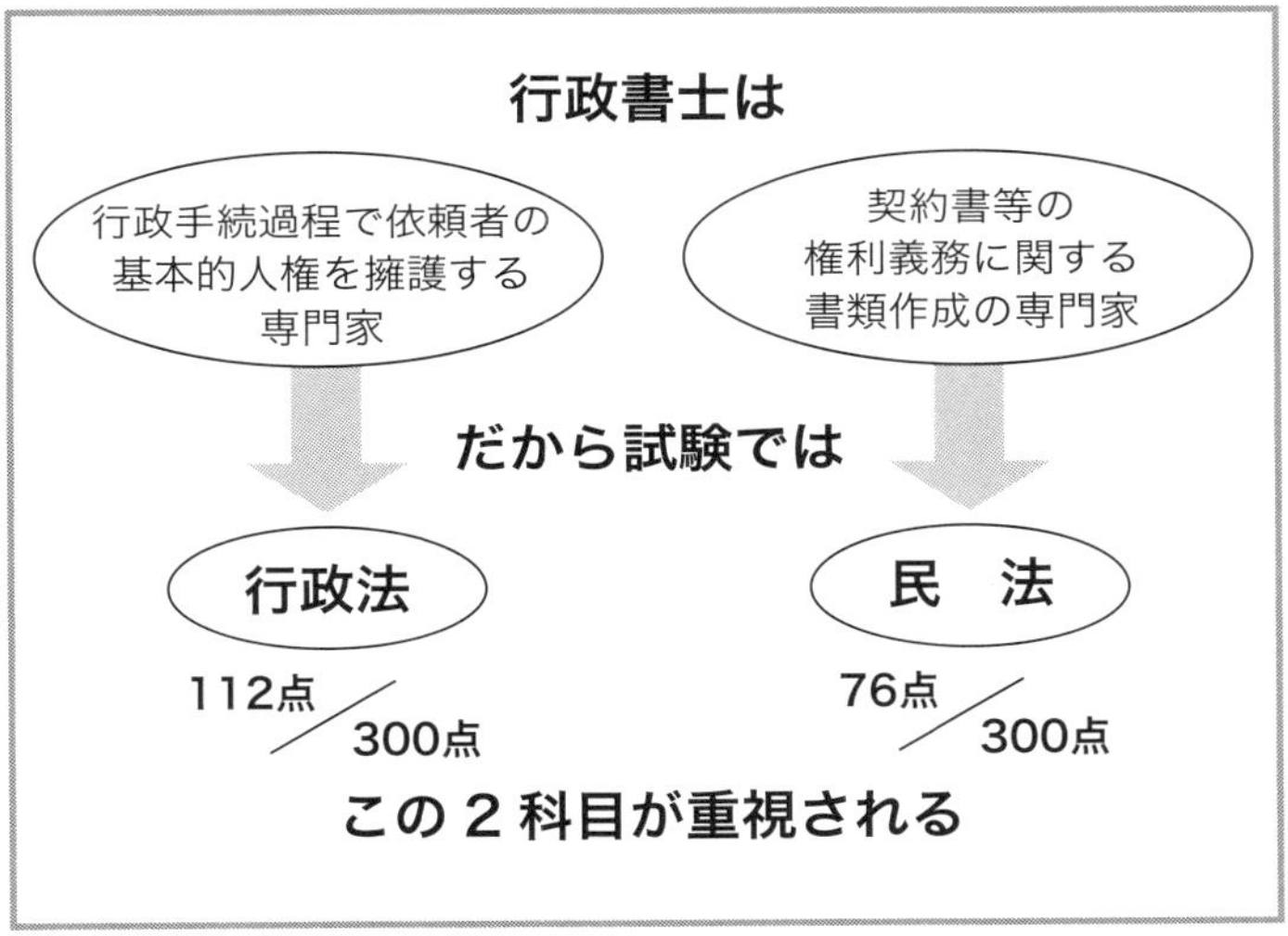
行政書士は
行政手続過程で依頼者の基本的人権を擁護する専門家
契約書等の権利義務に関する書類作成の専門家
だから試験では
行政法
民　法
112点／300点
76点／300点
この2科目が重視される

す。それにもかかわらず、多くの取引では、契約書が作成されています。

契約書があれば、法律的なトラブルが起こってしまったときに有力な証拠になりますし、当事者間の「言った」「言わない」という争いが起こることを未然に防ぐ役割を担っています。

ですから、行政書士は、将来起こり得る紛争を想定して、その紛争が起こらないようにするために顧客の相談に応じながら契約書等の書類を作成するのです。

あまり知られていませんが、行政書士試験において、試験科目の配点が行政法と民法に大きく偏っているのも、ここに理由があります。つまり、行政書士が行政手続の専門家であると同時に、契約書等の権利や義務に関する書類の作成の専門家であるがゆえに、行政法と民法が試験上も重視されるのです。

ここまでに取り上げたことは、行政書士の業務のほんの一部分です。行政書士の業務範囲は非常に多岐にわたります。

参考までに、日本行政書士会連合会のホームページからその概要を掲載させてもらいますが、お住まいの都道府県の行政書士会のホームページも一度ご覧になり、代表的な業務を確認してみてください。

日本行政書士会連合会ホームページ
http://www.gyosei.or.jp/

3 広がる行政書士の活躍場所

弁護士は就職難？

新聞やテレビのニュースで弁護士の就職難が多く語られています。法律家の代表的存在である弁護士でさえ大変なんだから、行政書士はもっと大変ではないだろうかと思われているかもしれません。

果たして、行政書士という資格に将来性はあるのでしょうか。

答えを述べる前に、行政書士の業務等を規律している「行政書士法」という法律が近年どういった改正をされてきているのかを見てみましょう。

2001（平成13）年6月29日改正「書類提出手続の代理」「契約書類作成の代理」を

業務として明記
2003（平成15）年7月30日改正　行政書士法人制度の創設、使用人行政書士制度の創設、一般国民からの懲戒請求制度創設
2008（平成20）年1月17日改正　業務に「不利益処分の意見陳述手続（聴聞・弁明）代理」を追加、欠格事由、懲戒、罰則等に関する規定を強化

さて、これらを見て、どう感じるでしょうか。大きく、取り扱うことができる業務が増えていること、罰則等が強化されていることが目立つのではないでしょうか。

事前保護型社会から事後救済型社会へ

規制緩和をはじめとした行政改革は、司法制度改革にも影響を与えました。すなわち、従来の経済政策は、規制でがんじがらめにすることによって競争をしている者が共倒れになることを防ごうとしてきました。しかし、財政悪化等を原因に行政改革が進み、規制緩和の流れの中で、政策を従来の「事前保護型」社会から、争いが起こった後に救済する、「事後救済型」社会へと政策が転換されてきたのです。

「事後救済型」社会では、弁護士等の法律家の役割がますます重要なものとなってきます。そこで、弁護士数を増やす等の司法制度改革が併せて行われました。また、司法制度改革の流れは弁護士数を増やすだけにとどまらず、司法書士や行政書士等の隣接法律専門職種の業務の範囲も広げました。要するに、弁護士の数を増やすだけでなく、隣接法律専門職種の業務範囲を広げることで、「事後救済型」社会においてもしっかりと市民が救済されるように図ったのです。

これが行政書士法改正にも一定の影響を与え、行政書士の業務を広げる方向で法改正が相次ぎました。

また、行政書士が単独でできる仕事の範囲は限られていますし、例えばその行政書士が、病気で仕事ができなくなってしまった場合等、その行政書士を頼りにしていた依頼者は行き先を失ってしまいます。そこで、複数で行政書士事務所を運営できる行政書士法人制度を創設したのです。

もちろん、業務範囲を広げるということは、それだけ責任も重くなることを意味しています。そこで、併せて罰則等も強化されたわけです。

このように大きな視点で考えていくと、行政書士法の近年の改正は、日本が「事前保

Ⅰ　今般の司法制度改革の基本理念と方向

第１　21世紀の我が国社会の姿

国民は、重要な国家機能を有効に遂行するにふさわしい簡素・効率的・透明な政府を実現する中で、自律的かつ社会的責任を負った主体として互いに協力しながら自由かつ公正な社会を築き、それを基盤として国際社会の発展に貢献する。

我が国が取り組んできた政治改革、行政改革、地方分権推進、規制緩和等の経済構造改革等の諸改革は、何を企図したものであろうか。それらは、過度の事前規制・調整型社会から事後監視・救済型社会への転換を図り、地方分権を推進する中で、肥大化した行政システムを改め、政治部門（国会、内閣）の統治能力の質（戦略性、総合性、機動性）の向上を目指そうとするものであろう。行政情報の公開と国民への説明責任（アカウンタビリティ）の徹底、政策評価機能の向上などを図り、透明な行政を実現しようとする試みも、既に現実化しつつある。

このような諸改革は、国民の統治客体意識から統治主体意識への転換を基底的前提とするとともに、そうした転換を促そうとするものである。統治者（お上）としての政府観から脱して、国民自らが統治に重い責任を負い、そうした国民に応える政府への転換である。こうした社会構造の転換と同時に、複雑高度化、多様化、国際化等がより一層進展するなど、内外にわたる社会情勢も刻一刻と変容を遂げつつある。このような社会にあっては、国民の自由かつ創造的な活動が期待され、個人や企業等は、より主体的・積極的にその社会経済的生活関係を形成することになるであろう。

21世紀にあっては、社会のあらゆる分野において、国境の内と外との結び付きが強まっていくことになろう。驚異的な情報通信技術の革新等に伴って加速度的にグローバル化が進展し、主権国家の「垣根」が低くなる中で、我が国が的確かつ機敏な統治能力を発揮しつつ、「国際社会において、名誉ある地位」（憲法前文）を占めるのに必要な行動の在り方が不断に問われることになる。我が国を見つめる国際社会の眼が一層厳しくなっていくであろう中で、我が国がこの課題に応えていくことができるかどうかは、我々がどのような統治能力を備えた政府を持てるかだけでなく、我々の住む社会がどれだけ独創性と活力に充ち、国際社会に向かってどのような価値体系を発信できるかにかかっている。国際社会は、決して所与の秩序ではない。既に触れた一連の諸改革は、ひとり国内的課題に関わるだけでなく、多様な価値観を持つ人々が有意的に共生することのできる自由かつ公正な国際社会の形成に向けて我々がいかに積極的に寄与するかという希求にも関わっている。

このようにして21世紀において我々が築き上げようとするもの、それは、個人の尊重を基礎に独創性と活力に充ち、国際社会の発展に寄与する、開かれた社会である。

司法制度改革審議会意見書（抜粋）①

III　司法制度を支える法曹の在り方

第３　弁護士制度の改革

7.　隣接法律専門職種の活用等

- 訴訟手続において、隣接法律専門職種などの有する専門性を活用する見地から、
  - ・司法書士への簡易裁判所での訴訟代理権については、信頼性の高い能力担保措置を講じた上で、これを付与すべきである。また、簡易裁判所の事物管轄を基準として、調停・即決和解事件の代理権についても、同様に付与すべきである。
  - ・弁理士への特許権等の侵害訴訟（弁護士が訴訟代理人となっている事件に限る。）での代理権については、信頼性の高い能力担保措置を講じた上で、これを付与すべきである。
  - ・税理士について、税務訴訟において、裁判所の許可を得ることなく、補佐人として、弁護士である訴訟代理人と共に裁判所に出頭し、陳述する権限を認めるべきである。
  - ・行政書士、社会保険労務士、土地家屋調査士など、その他の隣接法律専門職種などについては、その専門性を訴訟の場で活用する必要性や相応の実績等が明らかになった将来において、出廷陳述など一定の範囲・態様の訴訟手続への関与の在り方を個別的に検討することが、今後の課題として考えられる。
- ADRを含む訴訟手続外の法律事務に関して、隣接法律専門職種などの有する専門性の活用を図るべきである。具体的な関与の在り方については、弁護士法第72条の見直しの一環として、職種ごとに実態を踏まえて個別的に検討し、法制上明確に位置付けるべきである。
- 弁護士法第72条については、少なくとも、規制対象となる範囲・態様に関する予測可能性を確保するため、隣接法律専門職種の業務内容や会社形態の多様化などの変化に対応する見地からの企業法務等との関係も含め、その規制内容を何らかの形で明確化すべきである。
- ワンストップ・サービス（総合的法律経済関係事務所）実現のため、弁護士と隣接法律専門職種などによる協働を積極的に推進するための方策を講じるべきである。

弁護士法第72条は、弁護士でない者が報酬を得る目的で法律事件に関して法律事務を取り扱うことなどを業とすることを禁止している。一方、司法書士、弁理士、税理士、行政書士、社会保険労務士、土地家屋調査士などのいわゆる隣接法律専門職種は、それぞれの業法に定められたところに従い、限定的な法律事務を取り扱っている。

弁護士と隣接法律専門職種との関係については、弁護士人口の大幅な増加と諸般の弁護士改革が現実化する将来において、各隣接法律専門職種の制度の趣旨や意義、及び利用者の利便とその権利保護の要請等を踏まえ、法的サービスの担い手の在り方を改めて総合的に検討する必要がある。しかしながら、国民の権利擁護に不十分な現状を直ちに解消する必要性にかんがみ、利用者の視点から、当面の法的需要を充足させるための措置を講じる必要がある。

このような観点に立ち、訴訟手続においては、隣接法律専門職種などの有する専門性を活用する見地から、少なくとも、司法書士の簡易裁判所での訴訟代理権（簡易裁判所の事物管轄を基準として、調停・即決和解事件の代理権についても同様）、弁理士の特許権等の侵害訴訟（弁護士が訴訟代理人となっている事件に限る。）での代理権については、信頼性の高い能力担保措置を講じた上で、これを付与すべきである。税理士について、税務訴訟において、裁判所の許可を得ることなく、補佐人として、弁護士である訴訟代理人と共に裁判所に出頭し、陳述する権限を認めるべきである（なお、この点については、第151回＜平成13年＞国会での税理士法改正法案の可決・成立により、立法措置が行われたところである。）。

行政書士、社会保険労務士、土地家屋調査士など、その他の隣接法律専門職種などについては、その専門性を訴訟の場で活用する必要性や相応の実績等が明らかになった将来において、出廷陳述など一定の範囲・態様の訴訟手続への関与の在り方を個別的に検討することが、今後の課題として考えられる。

また、ADRを含む訴訟手続外の法律事務に関して、隣接法律専門職種などの有する専門性の活用を図ることも重要である。具体的な関与の在り方については、後述する弁護士法第72条の見直しの一環として、職種ごとに実態を踏まえて判断すべきである。その際、当該法律事務の性質と実情、各職種の業務内容・専門性やその実情、その固有の職務と法律事務との関連性、法律事務に専門性を活用する必要性等を踏まえ、その在り方を個別的に検討し、こうした業務が取扱い可能であることを法制上明確に位置付けるべきである。なお、弁護士法第72条については、少なくとも、規制対象となる範囲・態様に関する予測可能性を確保するため、隣接法律専門職種の業務内容や会社形態の多様化などの変化に対応する見地からの企業法務等との関係も含め、その規制内容を何らかの形で明確化すべきである。

弁護士と隣接法律専門職種その他の専門資格者による協働については、依頼者の利便の向上を図る観点から、ワンストップ・サービス（総合的法律経済関係事務所）を積極的に推進し、その実効を上げるための方策を講じるべきである。その際、収支共同型や相互雇用型等の形態などいわゆる異業種間共同事業の容認の可否については、更に検討すべきである。

司法制度改革審議会意見書（抜粋）②

護型」社会から「事後救済型」社会へと転換する過程で行われているものであると評価することができます。

この先、再び「事前保護型」社会に戻ることはそう考えられませんし、また仮にそうなったとしても、規制が増えることは行政手続が増えることを意味しているため、行政書士の業務が狭まるということは考え辛いでしょう。

社会から求められる役割が増える

この先、急激に弁護士の数が増えるとは思えない状況です。そこで、「事後救済型」社会になりつつある中で、弁護士の数が増えていかなければ、その役割は隣接法律専門職種に回ってくるでしょう。また、そのような中で企業や私たち市民が何を考えていくかを思うと、結局のところ、トラブルを未然に防ぐことに、より力を注いでいくであろうことが予想されます。すなわち、契約書等の権利や義務に関する書類の出番です。これからの社会では、これまで以上に、契約書作成の役割が重視されることでしょう。

こうして考えてみると、行政書士の将来性はいかがでしょうか。

より一層、社会から求められ、その役割は増大するであろうことが予測できると思います。

ここで忘れてはならないことは、役割が増大するということは、その分責任もまた増大するということです。そのために、監督行政庁という外からの処分を待つのではなく、各都道府県行政書士会や日本行政書士会連合会等、行政書士の団体内部における自浄能力を強化していかなければならないと思いますし、また、当然のことながら、個々の行政書士に、より高い職業倫理・能力が求められることは間違いありません。

そのためには、個別の法律知識をより蓄えていくことも大切ですが、それにとどまらず、個人の尊重を中心に置く「憲法の理念」に対してより一層深く理解していかなければならないと感じています。

活躍をするようになればなるほど、自己に課せられた社会的役割、使命を自覚しなければなりません。その能力を正しい方向へ使うように自律が要求されることを、決して忘れてはなりません。

4 更なるキャリアアップ

いろいろある合格後のキャリア

行政書士試験に合格し、登録をせずにそれぞれのフィールドで受験勉強過程で得た力を活かすこともよいでしょう。また、行政書士に登録し、実際に活躍を目指していくこともももちろん素晴らしいことです。

一方で、行政書士試験は法律系資格の登竜門であることから、更なるキャリアアップを図ることもお薦めできます。

ここでキャリアアップの大きな候補として挙げることができるのが、司法試験と司法書士試験です。

司法試験にチャレンジしていく場合、将来的なビジョンとしては弁護士が通常でしょ

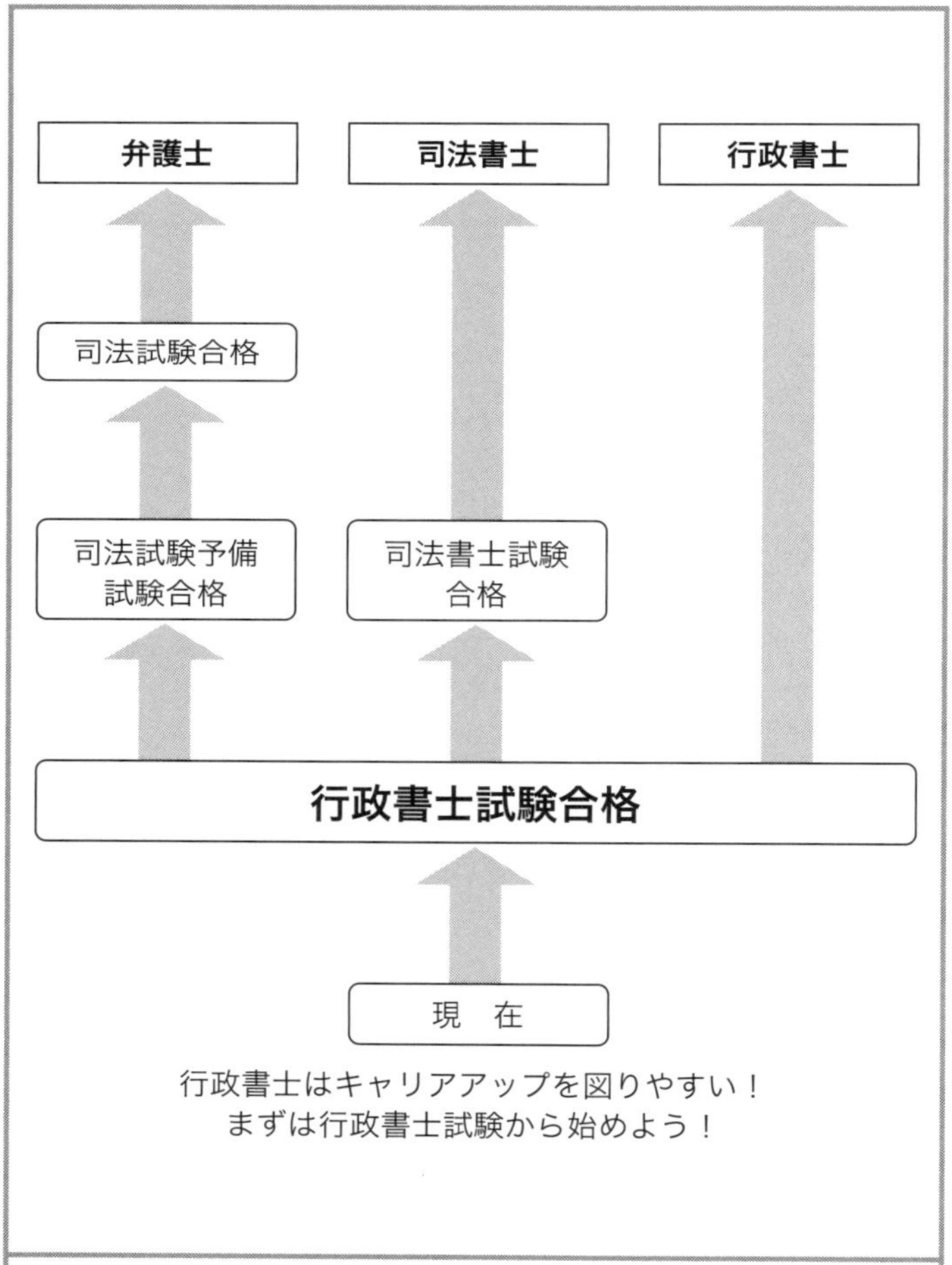

行政書士試験とキャリア

うか。この場合、行政書士資格も併せて登録することは可能ですが、弁護士資格一本で業務を行っていくことが一般的です。

一方、司法書士試験にチャレンジしていく場合、将来的なビジョンは司法書士と行政書士をともに登録する可能性が高くなるでしょう。司法書士と行政書士の区別をあまり考えずに事務所を訪れる依頼者もいます。また、両資格は、例えば法人の設立でいえば、設立の手続までを行政書士が行い、設立の最後に必要となる登記については司法書士が行うことになるので、ワンストップの観点からも、両資格を保有し登録することのメリットは大いにあります。

なお、社会保険労務士も司法書士と並び、行政書士と併せて登録をするとより強力になりますが、社会保険労務士の場合はその試験科目に大きな違いがあるため、受験対策上のメリットはそれほどないでしょう。

そこで、この2つの資格について、もう少し詳しくお話ししていきたいと思います。

大きなイメージとして、弁護士は、依頼者に代わって裁判所で弁論をしていきます。

一方、行政書士と司法書士は、裁判所の法廷に立つことはできません。ただし、近年の

法律家	専門分野	立　場
弁護士	裁判	依頼者に代わり 弁論
弁理士	特許	依頼者に代わり 書類作成
司法書士	登記	
社会保険労務士 (社労士)	社会保険労務	
行政書士	上記３つ以外	

法律家の分類

司法制度改革の一環で、司法書士については、認定を受けた者のみ、簡易裁判所に関係する業務については取り扱うことができるようになりました。

次に、司法書士は登記等の書類作成をその専門として行っています。一方で、行政書士は一般的な書類作成を行います。つまり、書類作成業務のうち、専門性の高い登記に関係する書類等は司法書士の専属事項とし、それ以外の書類作成業務が行政書士の業務となっています。なお、専門性が高いといっても、たとえ司法書士といえど、行政書士資格なしに行政書士の書類を作成することはできません。

法律家は、それぞれに課された役割の中で、依頼者の基本的人権を擁護するということを前に述べましたが、まさに、弁護士は裁判において、司法書士は登記書類の作成等を通じて、行政書士は行政手続過程において、それぞれに課された役割の中で依頼者の基本的人権を擁護していくのです。

一石○鳥の行政書士試験学習

さて、それでは、それぞれの資格を目指すにあたり、行政書士試験を勉強しておくことにどのようなメリットがあるのかについて、見ていきましょう。

まず、客観的に見れば、両試験のほうが行政書士試験よりも、より深い知識を問われることが多く、また、論文式等の出題方式もあるため、難しい試験ではあります。ただ、どのような試験であったとしても、何より大切なことは、磐石な基礎であり、その基礎については、行政書士試験で学べます。ですから、共通する科目については、磐石な基礎を行政書士試験で形成できると考えておいてください。

また、司法試験を受験するためには、受験資格として法科大学院を卒業するか、司法試験予備試験に合格することが必要になります。もちろん、行政書士試験に合格してから法科大学院に入学することも可能ですが、ここは「現在の生活を維持しながら」ということを考えて、予備試験にチャレンジしていくことを前提にしてお話ししましょう。

まず、それぞれの試験と行政書士試験の出題科目を確認してみます。

① 行政書士試験と司法試験予備試験、司法試験

各試験の共通科目・相違科目を表で比較してみると次のとおりです。

なお、相違科目に挙げましたが、行政書士試験では基礎法学として労働法や民事訴訟

<table>
<tr><th></th><th>行政書士試験</th><th>司法試験予備試験</th><th>司法試験</th></tr>
<tr><td rowspan="4">共通科目</td><td colspan="3">憲　法</td></tr>
<tr><td colspan="3">行政法</td></tr>
<tr><td colspan="3">民　法</td></tr>
<tr><td colspan="3">商　法</td></tr>
<tr><td rowspan="4">相違科目</td><td rowspan="4">・基礎法学
・一般知識等</td><td colspan="2">民事訴訟法</td></tr>
<tr><td colspan="2">刑　　法</td></tr>
<tr><td colspan="2">刑事訴訟法</td></tr>
<tr><td>・法律実務基礎
・一般教養</td><td>・選択科目</td></tr>
</table>

行政書士試験、司法試験予備試験、司法試験の共通科目と相違科目

平成24年度司法試験予備試験　民法

〔第1問〕

任意代理に関する次のアからオまでの各記述のうち、誤っているものを組み合わせたものは、後記1から5までのうちどれか。

ア．代理人に対して意思表示をした者が、本人に対する意思表示であることを示したときは、代理人において本人のために受領することを示さなくても、その意思表示は本人に対して効力を生ずる。

イ．代理権は、代理人が後見開始の審判を受けたときは消滅する。

ウ．意思表示の効力が事情を知っていたことによって影響を受けるべき場合、その事実の有無は、本人の選択に従い、本人又は代理人のいずれかについて決する。

エ．代理権を有しない者がした契約を本人が追認する場合、その契約の効力は、別段の意思表示がない限り、追認をした時から将来に向かって生ずる。

オ．代理人が本人の指名に従って復代理人を選任した場合は、その選任及び監督について本人に対して責任を負わないが、その復代理人が不誠実であることを知りながら、その旨を本人に通知し又は復代理人を解任することを怠ったときは、本人に対して責任を負う。

1　アイ　　2　アオ　　3　イウ　　4　ウエ　　5　エオ

司法試験予備試験の問題例（正解：4）

法について勉強することもありますから、司法試験や司法試験予備試験の民事訴訟法や選択科目と一切合致しないわけではありません。また、行政書士試験の一般知識等科目は司法試験予備試験の一般教養科目と重複する箇所もあります。

司法試験予備試験の短答式の本試験問題例についても、参考までに挙げておきます。

② 行政書士試験と司法書士試験

両試験の共通科目・相違科目を表で比較してみましょう。

試験的には、司法試験のほうが行政書士試験と共通科目が多いのがわかると思います。

司法書士試験の択一式の本試験問題例についても、参考までに掲載しておきます。

さて、各種試験の参考問題を掲載してみました。

まだ法律を勉強したことのない人にとっては、さっぱりわからないようなものばかりかもしれません。しかし、これらの問題は行政書士試験対策でも学ぶ範囲であり、行政書士試験に合格するレベルにある人であれば、十分に得点することができる問題ばかりです。

	行政書士試験	司法書士試験
共通科目	憲　法	
	民　法	
	商　法	
相違科目	・行政法 ・基礎法学 ・一般知識等	・刑　法 ・不動産登記法 ・商業登記法 ・民事訴訟法 ・民事執行法 ・民事保全法 ・供託法 ・司法書士法

行政書士試験、司法書士試験の共通科目と相違科目

いずれの試験でも、共通科目はそれぞれの試験において大切な科目であり、その基礎を行政書士試験で磐石にしておけば、それぞれの試験もかなり有利に受験対策を展開していくことができます。

実際、伊藤塾で最初は行政書士試験対策を勉強していた塾生にも、行政書士試験の合格後、司法書士試験、あるいは予備試験へと転進していった人は何人もいます。中には、合格するまでは他の試験のことを考えられなかったけれども、伊藤塾で学び、学ぶことの意義、その楽しさを知り、合格後に他の試験にチャレンジすることを決意した人もいます。

平成23年度司法書士試験　午前の部

第14問　法定地上権に関する次のアからオまでの記述のうち，**判例の趣旨に照らし正しいもの**の組合せは，後記１から５までのうちどれか。

ア　Aが，その所有する更地である甲土地にBのために抵当権を設定した後，甲土地上に乙建物を建築し，その後，Cのために甲土地に抵当権を設定した場合において，Cの申立てに基づいて抵当権が実行されたときは，乙建物のために法定地上権が成立する。

イ　Aが，その所有する甲土地にBのために抵当権を設定した当時，甲土地上にある乙建物に所有権の保存の登記がされていなかった場合には，抵当権が実行されたとしても，乙建物のために法定地上権は成立しない。

ウ　Aが，その所有する甲土地及び甲土地上の乙建物にBのために共同抵当権を設定した後，乙建物が取り壊され，甲土地を賃借したCが新しい丙建物を建築した場合において，甲土地についての抵当権が実行されたときは，丙建物のために法定地上権は成立しない。

エ　A，B及びC共有の甲土地上にA所有の乙建物があった場合において，Aの債務を担保するため，A，B及びCが共同してDのために甲土地の各持分に抵当権を設定したときは，B及びCが法定地上権の成立をあらかじめ容認していたと認められない場合であっても，抵当権が実行されたときは，乙建物のために法定地上権が成立する。

オ　Aが，その所有する甲土地にBのために抵当権を設定した当時，甲土地上にA及びC共有の乙建物があった場合において，抵当権が実行されたときは，乙建物のために法定地上権が成立する。

１　アイ　　２　アエ　　３　イウ　　４　ウオ　　５　エオ

司法書士試験の問題例（正解：４）

5 より幸福な社会を実現するために

幸福を追求する権利がある

ここまで「法的思考力」の重要性、法律系資格を念頭に置いた勉強方法、行政書士試験の魅力についてお話ししてきました。

本書を参考に、これからの人生をより充実したものにし、更に自己の幸せを追求されていくことを願ってやみません。

憲法13条は後段で「生命、自由及び幸福追求に対する国民の権利については、公共の福祉に反しない限り、立法その他の国政の上で、最大の尊重を必要とする」としています。これを「幸福追求権」と言います。

特筆すべきは、あくまでも憲法が保障していることは「幸福権」ではなく「幸福追求権」であることです。つまり、幸福は自分が決めるものであり、その内容は一人ひとりそれぞれが違っていてよいという考え方です。

何を幸せと感じるかは一人ひとり異なります。お金や名誉を幸せとする人もいれば、家族との時間を幸せとする人もいます。

憲法は、何を幸せとするかは個々人に委ね、個々人の決めた幸せを追い求める過程を保障しています。

そしてまた、あなたのこれからの活躍が、日本を、世界をより幸福に満ち溢れたものにしていくということを忘れないでほしいとも思います。

法律系資格は単なる生計の手段ではありません。これまで話してきたとおり、行政書士をはじめとした法律家がそれぞれの職域において市民の基本的人権を擁護することによって、社会全体の幸せの総量は増えていきます。そのための資格なのです。

主体的に生き、社会を形成する

現在の日本の混迷ぶりは見るに耐えません。

日本国憲法の3大原理である「平和主義」はないがしろにされ、尊重すべき「基本的人権」は侵害されても大多数のために我慢することが当たり前かのような風潮さえみせ、権利を主張することが悪であり、不平等でも一向に構わないかのような社会です。

ただ、「こんな世の中に誰がしたんだ」と一方的に批難することは何の解決の糸口にもなりません。国民であれば、「主権者」である意識を強く持ち、権力を監視していかなければなりません。そもそも一人一票は数の平等のみならず、価値の平等も含む考え方です。それにもかかわらず、価値の不平等があたかも当然かのように思っている人がなんと多いことでしょう。そんな基本的なことができない政治に「ＮＯ」を言うことすらできていない状況です。

法律家は、憲法の理念の中核にある「個人の尊重」に基づき、国民の基本的人権を誤った国家権力の行使から、擁護することを職責にしています。

憲法13条は前段で「すべて国民は、個人として尊重される」と規定しています。これは、決して利己主義を指しているわけではありません。

人は皆、命を持っているだけで等価値です。人は皆、同じように大切な存在であると同時に、当然ながら、人は皆違います。つまり、自分と同じ考え方を持つ人だけを尊重すればよいのではなく、違う考え方の人も同じように尊重すべきであり、多様性を認め合いながら生きていくことの大切さを謳っているのです。

憲法は13条で一人ひとりが皆違い、その思う幸せのあり方も違うことを前提にして、一人ひとりの人間が、その人らしい生き方をし、その人にしかできないミッションを追求できる、皆が共生していけるような社会を目指していくことを宣言しているのです。

法律家がそのような理念を忘れることなく、利他の精神を持って社会的使命を果たし続けていけば、必ず社会全体の幸せの総量は増えていきます。もちろん、社会的使命を果たし続けるためには、活躍し続ける、より大きく活躍をしていかなければならないことは言うまでもありません。

「こんな世の中に誰がしたんだ」ではなく、市民が、法律家が、自分たちの力を合わせて、理想とする社会を、日本を、そして地球を創っていくのです。

それは、一朝一夕でできるようなものではないでしょう。何年、何十年とかけ、あるいは次世代、次々世代をかけて創り上げていくものかもしれません。

理想を語らずして現実に文句を言うだけでなく、市民としての役割を、法律家としての役割を果たしていくべきものと思います。

ここまでに、一つひとつの目標も、一歩一歩、足元を固めながら堅実に進むかのように達成すべきであることを繰り返しお話ししました。壮大な目標、理想もまた同じです。繰り返しになりますが、人生は生きていく過程にこそ価値があります。自分に課された使命を認識し、自分を成長させることは「生きる」ことそのものです。

自らに課された使命を認識し、社会に貢献する喜びを感じるとともに自らが幸福になる。誰かに作られた社会の中で単に自己の欲求だけを追い求めるのではなく、他者のために何ができるかを考え、ともに社会を形成していく、これこそが主体的に生きることにほかなりません。

本書が、あなたにとって、勉強方法を知るだけの参考になるのではなく、それを超え、主体的に生き、そこに自らの幸福を感じ、人生をより豊かなものにすることができるきっかけになったとすれば、嬉しく思います。

おわりに

これからの日本の社会は、ますます国際化が進むでしょう。

日本国内においても、より多くの外国人が増え、より様々な他国籍の人が住み、より多様化していくことでしょう。インターネット等の技術が更に発達し、日本国内にいても、国外の人々とのコミュニケーションを円滑、かつ密接なものへとしていくことでしょう。さらに、日本人もより一層、海外で活躍をする場面が増えることでしょう。

私たちはこの先、より一層、人種も、価値観も、宗教も、考え方も異なる人達とコミュニケーションをとらなければなりません。

このとき、最も大切なことは、「個人の尊重」です。

日本国憲法13条前段に「すべて国民は、個人として尊重される」とあります。この「個人の尊重」は人類普遍の原理です。

一人ひとりの人間は皆違う。人種、価値観、宗教、考え方等々、誰一人としてまったく同じ人間はいません。違うことは当たり前のことであり、その一人ひとりが皆同じように何人《なんぴと》からも尊重されなければならず、また誰もが他者を尊重しなければなりません。

この考え方に、国境も国籍もありません。私たちは、アジアの人も、アフリカの人も、ヨーロッパの人も、南北アメリカの人も、オーストラリアの人も、皆違うことを認めつつ、その一人ひとりを尊重しなければなりません。

そして、この「個人の尊重」をもととする基本的人権も一人ひとりの人間に認められるものです。私たちは、皆生まれながらにして自由であり、かつ平等です。この自由、平等もまた人類普遍の原理です。

特に、本書を読み、行政書士を目指したいと考えたならば、将来、国際業務も取り扱うようになる可能性があります。そして、外国の人にとって、あなたが初めて密接に関わる日本人になることもあり得るわけです。このとき、あなたが外国の人に与える印象が、そのままその人にとって日本という国家に対する印象にもなり得ます。ですから、その責任を確かに感じ、揺るぎない信念のもとで行動をしてほしいと思います。

一人ひとりの人間が、これらの原理を真に理解し、実行していくことができれば、社会は変わり、国は変わります。自国の利益だけではなく、他国の利益をも考慮し、どうすれば互いにより幸せに共生していくことができるかを考えるようになります。地球規模での幸せの総量を増やすために、どうあるべきかを考えていくようになります。

最近私は「地球市民」という言葉を使うようになりました。何やら少しおかしく感じられるかもしれませんが、この言葉には私の理想が込められています。

私たちは、より一層想像力を高めることにより、より多くの他者を理解し、より多くの他者とともに幸せになるための道を考え、歩まなければなりません。そして、この他者の究極は、「地球全体の人」になります。平和のことも、環境保全のことも、あるいは経済のことも、常に、地球規模で意識し、考えることができるように、「地球市民」という言葉を考えました。

全ての人が「地球市民」として、常に地球規模で考え、実行できるようになれば、ニュースから流れるような、紛争や痛ましい事件は、限りなく少なくなっていくものと信じています。そのため、まず自分から行動し、そして、自分の周囲の人々が、少しずつこういった考え方を持てるように伝えています。

高い理想を持つことは愚かなことではありません。理想と現実は確かに異なりますが、だからといって理想を捨てることがあってはなりません。現実が理想と異なるからこそ、人はその理想に一歩でも近づくべく、現実を変えようと行動するのです。

理想のないところに、現実の変化はありません。

だからこそ私は、どんなに人に笑われたとしても、高い理想を掲げ、伝えることに恐れを抱きません。そして、幸いにもこのような私の考え方に共鳴し、集まってきてくれる伊藤塾の講師、スタッフ、そして塾生が数多くいます。本書の刊行に力を注いでくれた伊藤塾行政書士試験科の志水晋介講師もそのひとりです。行政書士受験生を中心に私の理想をより多くの人へ伝えてくれています。

彼ら、彼女らの存在は、私に大いに勇気を与えてくれます。私の存在も、彼ら、彼女らにとって、大きな力になっているとしたら嬉しく思います。

また、彼ら、彼女らにとどまらず、一人一票実現国民会議をはじめとした私の社会的な多くの活動も、数え切れないくらい多くの方の力によって支えられています。

本書で、勉強法の王道を知り、法的思考力を知り、また、個人の尊重を知ったあなたも、変化を恐れないでほしいと思います。

人は、変わろうと思うとき、それによって周囲から隔絶されてしまうのではないか、孤独になるのではないかと危惧します。しかし、決して孤独になることはありません。なぜならば、大きな視点で見れば、そのあなたを受け入れてくれる存在は数え切れないほど多くあり、あなたと同じように変わろうとして、あなたを待っている人もいるからです。

本書が現在の勉強に役立つだけにとどまらず、これから先、より一層、あなたが他者を尊重するとともに、自らの人生を主体的に、自分らしく、生きてくださるきっかけとなることを願ってやみません。

これからの社会の、日本の、アジアの、そして世界の幸せの総量を増やすべく、一緒に進んでいきましょう。

２０１２年10月

伊藤　真

執筆者紹介

伊藤真（いとうまこと）

1958年生まれ、東京都出身。弁護士。伊藤塾（法律資格の受験指導校）を主宰。東京大学在学中に司法試験に合格。その後、司法試験の受験指導を始め、たちまち人気講師となる。95年に、真の法律家の育成を目指し、「伊藤真の司法試験塾（現、伊藤塾）」を開設。「伊藤メソッド」と呼ばれる革新的な勉強法で、司法試験短期合格者の輩出全国トップクラスの実績を不動のものとしているカリスマ塾長。現在は弁護士としても活動を行い、「一人一票実現国民会議」事務局長として、「一人一票」実現のために奮闘し、日弁連憲法委員会副委員長として、地球市民にむけ、日本国憲法の理念を伝えるため日々行脚している。『夢をかなえる勉強法』『記憶する技術』（以上、サンマーク出版）、『合格のお守り』『司法試験「最短最速」合格法』（以上、日本実業出版社）、『伊藤真試験対策講座（全15巻）』（弘文堂）、『中高生のための憲法教室』（岩波書店）、『憲法の力』（集英社）など著書多数。

志水晋介（しみずしんすけ）

2001年行政書士試験に合格し、現在、伊藤塾にて行政書士試験対策の講師を務める。1995年に「宅地建物取引主任者」の資格を得たことを皮切りに、「行政書士」以外に「管理業務主任者」「マンション管理士」等の資格を持つ。

法律を初めて学ぶ者向けに、わかりやすく丁寧な講義が広く受験者から信頼されている。

著書に、『うかる！行政書士 勉強法の王道』、『うかる！行政書士』シリーズ（以上、日本経済新聞出版社）がある。

伊藤塾（いとうじゅく）

行政書士、司法書士、司法試験など法律科目のある資格試験や公務員試験の合格者を多数輩出している受験指導校。合格後を見据えた受験指導を行い、特に司法試験の合格実績には定評がある。1995年５月３日憲法記念日に、法人名を「株式会社 法学館」として、憲法の理念を広めることを目的とし設立。憲法の心と真髄をあまねく伝えること、また、一人一票を実現し、日本を真の民主主義国家にするための活動を行っている。

伊藤塾
http://www.itojuku.co.jp/
〒150-0031 東京都渋谷区桜丘町17-5
電話（03）3780-1717

勉強法の王道

2012年11月16日　第1刷発行
2012年12月5日　第3刷
編著者　伊藤真/伊藤塾

発行者　斎田久夫
発行所　日本経済新聞出版社
http://www.nikkeibook.com/
〒100-8066　東京都千代田区大手町1-3-7
電話　(03)3270-0251(代)
装　丁　高橋明香(おかっぱ製作所)
印刷・製本　中央精版印刷

ISBN 978-4-532-40760-5
Printed in Japan